GÉNIAL, MES PARENTS S'AIMENT !

Collection dirigée par Jacques Arènes

Annie DE BUTLER

GÉNIAL, MES PARENTS S'AIMENT !

Éditions FLEURUS

Couverture d'*Élisabeth Hébert*

ISBN : 2.215.04393.8

Introduction

Aimer et être aimé, devenir parent, sont parmi les mobiles les plus puissants de l'existence humaine. Si cet axiome traverse les siècles, inchangé dans le fond, il n'en est pas de même dans la forme. La vie en couple diffère aujourd'hui sur bien des points de ce qu'elle était dans les siècles passés. Être parents aujourd'hui, sans doute parce que cela s'inscrit dans un choix qui se veut délibéré, semble impliquer la personne qui le décide avec une exigence de plus en plus grande.

Lorsque des conjoints demandent l'aide d'un thérapeute pour sortir d'une crise conjugale qui les surprend et les fait souffrir, il n'est pas rare de les entendre faire un parallèle entre la dégradation de leur relation affective et sexuelle et la venue d'un enfant, comme si continuer à vivre son couple sous tous ses aspects et devenir de bons parents représentait aujourd'hui une mission impossible.

Que s'est-il donc passé pour que ce que nos ancêtres ont apparemment vécu pendant des siècles comme allant de soi, devienne aujourd'hui source de problèmes qui dépassent parfois le cadre familial pour en arriver à perturber l'équilibre social ?

Cette étude des difficultés de la vie de couple en lien avec le métier de parent vise à permettre à des parents qui traversent des moments difficiles de comprendre ce qui se passe entre eux et avec leurs enfants afin de chercher ensemble comment continuer à être pour leurs enfants les parents dont ils ont besoin. Quels que soient les enjeux d'une crise conjugale, l'atmosphère familiale s'en trouve déstabilisée, et les enfants plus ou moins rapidement se sentent concernés.

Comment gérer ces moments de grande tension ? Il est parfois difficile de décoder les signes de souffrance des enfants, sans les impliquer dans les scénarios de la mésentente parentale. Par contre il se peut que, pour diminuer les tensions à l'intérieur du couple, une réorganisation de la vie familiale soit souhaitable, impliquant toute la famille.

Certes, notre XXIe siècle s'ouvre sur de nouvelles donnes qu'il est important de prendre en compte, néanmoins resituer dans ses grandes lignes l'évolution de la relation de couple et de la place de l'enfant à travers l'histoire est un éclairage indispensable à la compréhension du présent.

Le couple et l'enfant

C'est entre l'an mille et le début du XIIe siècle, d'après Georges Duby [1], que l'institution du mariage s'est mise

1. Georges Duby, *Le chevalier, la femme et le prêtre.*

en place sous l'influence de l'église catholique, soucieuse d'endiguer le flot des passions humaines en instaurant un ordre moral, social et familial. C'est au XIIIe siècle que l'église donne au mariage son statut de sacrement indissoluble, au même titre que le baptême qui, pour les croyants, ouvre à l'enfant la vie de la grâce et, pour tous, donne à l'enfant sa place spécifique au sein de la famille, et de la communauté.

Toutefois l'ordre chrétien se substituait à un ordre, déjà existant mais différent, fait d'obligations, d'habitudes, de croyances et de valeurs transmises de génération en génération.

La famille élargie représentait une force indispensable face à une nature souvent hostile. Travailler la terre, faire face aux épidémies, aux guerres, nécessitait de nombreux bras. La mortalité infantile étant importante, le nombre des naissances en était le contrepoids indispensable. Dans cette vie plus rurale que citadine, hommes et femmes avaient des rôles différents et relativement précis, dictés par la nécessité de faire face aux dures réalités de la vie. À la femme revenait tout naturellement la gestion de la vie quotidienne à l'intérieur du foyer. À l'homme incombaient les multiples travaux à l'extérieur, assurant aux siens le pain quotidien et la sécurité.

Les valeurs chrétiennes étayaient cette structure familiale : le père de famille était considéré comme le représentant d'une loi divine qui le dépassait, et à ce titre avait autorité sur les membres de sa famille. La mère était respectée, car elle transmettait la vie qui était un don de Dieu. Les liens entre parents et enfants étaient fondés sur le respect, l'obéissance et l'exemple. La prohibition de l'inceste, formulée au IXe siècle, répétée avec insistance par les conciles ultérieurs, constitue depuis la pierre d'angle de la structure des relations familiales. Ainsi codifiés, le couple et la famille deviennent l'étayage de l'organisation sociale. Dans cette optique du couple, comme chaînon entre deux lignées, se place le contrôle exercé par les familles sur le mariage de leurs enfants. Au-delà de l'autorité du père, chef de famille, il convenait de protéger le mariage de l'amour et du désir des jeunes gens pouvant entraîner des mésalliances néfastes. Certes l'amour existait, le désir et la passion aussi, mais s'ils étaient une source d'inspiration pour les poètes, ils demeuraient dans la vie quotidienne une menace pour la stabilité du couple et de la famille. On se mariait pour fonder une famille, avoir des enfants à qui transmettre un patrimoine que l'on avait à cœur de faire fructifier, au nom de valeurs sur lesquelles reposaient les choix de l'existence et l'ordre social.

De cette époque date le droit d'aînesse, qui donne à la naissance du premier fils une importance particulière puisqu'il est le garant de la transmission du nom et du patrimoine. Avoir un garçon comme premier enfant était donc un vœu partagé par tous les couples. Dans ce lointain passé les autres enfants ne sont pas l'objet de désirs précis. Les garçons sont soldats ou voués au sacerdoce, les filles sont davantage perçues comme des charges, car il convient de les doter pour qu'elles puissent se marier. Pour elles aussi la vie religieuse reste une solution possible.

Le concile de Trente (1545-1563) condamne toute activité sexuelle hors mariage. Cependant, les naissances illégitimes sont nombreuses, et les enfants issus de ces unions sont souvent mis en nourrice et la mortalité y est importante. Les infanticides déguisés sous forme d'accidents ne sont pas rares, et en 1556 Henri II oblige les filles à déclarer leur grossesse pour éviter ces infanticides, dernier recours face à une inévitable grossesse. Quel que soit le milieu, les naissances rapprochées font peur, soit en raison du travail accablant ou des exigences de la vie mondaine. L'amour maternel semble avoir peu de place.

Edward Shorter évoque, dans son étude historique sur la naissance de la famille moderne [2], « La terrible indifférence des mères, des nourrices, mais aussi de tout le groupe à la santé et au bien être des tout petits. » D'une certaine façon à quoi bon s'attacher à un enfant, s'il risque de mourir en bas âge. Les naissances étant rapprochées, on mettait les enfants en nourrice sans certitude de les reprendre un jour. Jean-Louis Flandrin [3], historien de la famille, rapporte le cas d'une nourrice qui, en vingt ans, sur douze bébés n'en rendit aucun vivant. Montaigne se dit lui-même incapable de se souvenir du nombre d'enfant qu'il eut, car il en perdit quelques uns en nourrice.

L'amour parental et le désir d'enfant, tel que nous les connaissons aujourd'hui, se sont mis en place progressivement à mesure que la médecine et l'hygiène ont fait chuter le taux de mortalité infantile, et que l'on donna plus de place à l'enfant en tant que personne.

Toujours selon Edward Shorter, c'est à la fin du XVIIIe siècle et au long du XIXe que se produit une révolution sentimentale, manifestation du désir de liberté

2. Edward Shorter, *Naissance de la famille moderne.*

3. Jean-Louis Flandrin, cité par Fourgnaud A., *La confusion des rôles,* p.16.

individuelle. Cette conception est néanmoins perceptible dès le XVIIe siècle. Les pièces de Molière reflètent déjà la revendication des jeunes gens quant à leur choix amoureux. Désormais les sentiments ont une place avouée au sein du couple et de la famille.

Cependant, une fois constituée, la vie émotionnelle et sentimentale à l'intérieur de la famille traditionnelle reste codifiée par des normes morales et sociales précises. Ainsi la vie sexuelle est essentiellement procréatrice et les rapports aux enfants sont distants.

Globalement, jusqu'à la Révolution française, la communauté avec ses lois et ses normes passe avant les désirs personnels. C'est un devoir de se battre pour son roi et un honneur de mourir pour le royaume. On renonce à l'amour d'un homme ou d'une femme parce qu'ils ne sont pas de son rang ou de sa condition. Le regard que l'on porte sur l'enfant évolue lentement. Dès le XVIIe siècle, l'enfant inspire des peintres comme Rubens, Chardin, Le Nain, mais c'est davantage à partir du XVIIIe siècle, que l'amour maternel sera mis en valeur. Des écrivains comme Montesquieu, Rousseau ou Voltaire ont contribué à valoriser le sentiment maternel en soulignant l'importance d'élever soi-même ses enfants. La femme, reconnue dans sa fonction maternelle, laisse de plus en plus se développer des liens affectifs entre elle et ses enfants. Les *Lettres* de Madame de Sévigné à Madame de Grignan, sa fille, décrivent avec une grande finesse les sentiments entre mère et fille que la distance géographique fait surgir.

En France, une nouvelle constitution du lien social se fait jour avec la déclaration des droits de l'homme, et l'instauration du mariage civil par libre consentement, non soumis à l'accord des parents. On a le désir de se marier par amour et, peu à peu, l'enfant se voit désiré comme incarnant l'amour conjugal. La diminution de la mortalité infantile est à la fois cause et effet de cette valeur accordée à la vie dès la petite enfance. La révolution industrielle draine vers les villes une part de la population qui se partage en une classe bourgeoise soucieuse de transmettre ses biens et une classe ouvrière dont les conditions de vie souvent précaires font que l'augmentation des familles amène aussi la pauvreté : un enfant de plus devient une nouvelle bouche à nourrir.

Cependant, jusqu'au milieu du XXe siècle, qu'ils soient riches ou pauvres, les familles et les couples sont régis par des normes sociales qui déterminent de façon assez précise les places et les rôles de chacun. Ainsi les naissances hors mariage ou fruit d'un adultère heurtent les consciences et, comme elles ne sont pas admises, on les cache. Il en est de même pour les dysfonctionnements du couple ou du groupe familial. Qu'il s'agisse de conduites jugées trop libres ou de comportements que l'on jugerait aujourd'hui pathologiques, chaque famille préfère cacher ses souffrances et ses drames, affectifs ou matériels, car elle les vit comme des plaies honteuses. Charlotte Brontë, dans son roman *Jane Eyre*, montre une jeune gouvernante tombant amoureuse du maître des lieux, sir Edward Rochester. Toutefois, même s'ils vivent un amour partagé, ils devront y renoncer car Edward n'est pas libre et séquestre dans une mansarde du château sa première épouse, devenue folle, qu'il devait à tout prix cacher aux yeux de tous. En moins d'un siècle, on est passé du poids de normes sociales régulatrices du choix conjugal et du fonctionnement des familles à une liberté apparente quasi totale en ce qui concerne l'organisation de la vie privée du couple et de la famille.

Le lien semble donc facile à faire entre l'évolution historique et sociologique, au cours des derniers siècles, et les mutations des relations à l'intérieur du couple. Qu'il y ait un lien de cause à effet, c'est indéniable, mais en rester là ne suffit pas à étayer notre réflexion.

Il nous faut aussi observer d'un peu plus près les effets enclenchés par ces nouvelles libertés sur l'évolution du sens de la vie, au plan individuel et collectif et sur la construction de l'identité de chacun. Bénéficiant de plus d'un siècle de recul on s'aperçoit que dans le domaine de l'équilibre de la personne humaine, ce que l'on gagne en liberté, au plan individuel et collectif on le perd en sécurité. On s'en aperçoit chaque jour avec les enfants : l'obéissance à une autorité extérieure est une contrainte pesante, voire insupportable, mais l'absence de règles extérieures est source d'angoisse.

Essayons de percevoir un peu plus finement ce qui se passe. Pour se structurer, mais aussi à chaque étape de la vie, nous avons besoin de modèles et de repères, d'interdits et de limites. Plus ils sont flous ou absents à l'extérieur, plus nous sommes en prise directe avec notre monde pulsionnel organisé par un désir infantile de toute puissance. D'une certaine façon, nous passons d'un modèle extérieur idéalisé à *soi-même comme idéal.* Se rebeller contre un projet que des parents normatifs font pour vous est un combat certes difficile, mais se sentir « nul » par rapport à une image idéale de soi que l'on s'est forgé est un échec beaucoup plus cuisant pour notre ego.

Cette lutte intérieure face à l'intolérance d'un surmoi [4] rigide épuise les réserves de la personne et risque de laisser place à une sévère dépression. Par contre se construire en s'opposant partiellement à une autorité extérieure à soi, aide souvent à se prendre en charge, développe la confiance en soi, et les compétences ainsi acquises sont ressenties comme une victoire. Même si les résultats ne sont pas tous probants, on ne se sent pas pour autant unique responsable des difficultés rencontrées. Être soumis à l'altérité de l'autre dans un dialogue ouvert a des chances de s'avérer fécond, par contre rester enfermé dans une rumination personnelle accusatrice ôte tout discernement, ce qui finit par tarir notre créativité

Par exemple, ne pas avoir de satisfactions dans sa vie affective et sexuelle avec un conjoint épousé pour son rang, pouvait être en son temps sujet de plaintes. On était alors excusable d'accepter de recevoir quelques billets doux, ou de s'octroyer, quand cela était possible, une rencontre ou un rendez vous galant. Cela ne tourmentait pas trop la conscience et apportait un peu de soleil et de rêve dans une vie remplie d'obligations. Par contre, s'apercevoir que l'être choisi en toute liberté pour vivre un amour partagé, vous cache une partie de sa vie et trahit votre confiance, représente une épreuve double puisque la perte de confiance en l'autre s'accompagne d'une perte de confiance en soi-même. Il se peut qu'à cette double perte s'en ajoute une troisième : la perte de l'idéal amoureux que l'on s'était forgé. Ces multiples deuils seront d'autant plus difficiles à faire que nous nous

4. Surmoi : fondement du sens moral, formé chez l'enfant à partir de l'intériorisation des valeurs et des interdits parentaux.

trouvons face à un échec qui remet en question l'image que nous nous faisons de nous-mêmes.

Si sur ce plan les échecs amoureux sont durs, que dire des difficultés rencontrées dans la relation à nos enfants ! A notre époque où l'on a le confort d'attendre un enfant quand on le souhaite, les difficultés, lorsqu'elles arrivent, sont vite vécues comme des échecs personnels venant bafouer une image de mère sans défaut que notre imagination a pris le temps de construire. Que de fois nous entendons de la part d'une jeune femme qui demande une interruption de grossesse : « …il ne m'est pas possible de garder cette grossesse, car si j'avais un enfant maintenant je ne pourrais pas tout lui donner. » Même si c'est là une façon de parler qui ne doit pas être prise au pied de la lettre, cela donne néanmoins une idée du regard idéalisé porté par cette jeune femme sur la relation mère-enfant : relation qui exclut le manque et dans laquelle chacun se doit de combler l'autre.

Pour peu que la relation de couple soit sur le même modèle, on est en droit de se demander si le jour où l'enfant, ou les enfants seront là, entre vivre son couple et être parent, la mission ne s'avérera pas impossible ! Soit la relation conjugale s'installera de façon passionnelle, envahissant l'espace familial et les messages de souffrance des enfants risquent fort de passer inaperçus, soit ce sera « les enfants d'abord », et le couple s'installera dans un dysfonctionnement dont les enfants resteront marqués.

Au lieu d'aborder ensemble, au sein du couple les difficultés qui se présentent, certains préfèrent voir en l'autre le responsable de ce qui ne se passe pas aussi bien qu'on le souhaite, et en finir avec ce fauteur de trouble.

Hélas, se séparer sans avoir pris le recul suffisant pour analyser honnêtement une situation complexe ne résoudra rien et les tensions du couple viendront charger les relations parents-enfants qui, elles, auront à continuer.

Avant d'aborder chapitre par chapitre la complexité actuelle des interactions affectives entre la vie de couple et la fonction parentale, nous terminerons notre introduction sur la mutation des relations au sein du couple par une description littéraire de l'esprit bourgeois tel qu'il se vivait encore au milieu du siècle dernier.

Les mutations des relations à l'intérieur du couple

Un roman de Jacques Chardonne, écrit en 1945, *Les destinées sentimentales*[5], décrit ce mode de vie. Il vient d'être porté à l'écran par Olivier Asseyas, Emmanuelle Béart et Isabelle Huppert incarnant les deux héroïnes féminines. Toutes deux se partagent l'amour d'un homme Jean Barnery. Jean est orphelin depuis sa tendre enfance et a été recueilli et élevé par un oncle qui, bien qu'ayant un fils de son âge, aimerait le voir s'investir dans ses affaires. Malgré cela Jean décide d'être pasteur et épouse Nathalie, jeune femme jolie mais très immature. Elle aime la vie, sort et fait jaser sur la légèreté de sa conduite. Jean ne le supporte pas et exige d'elle, sans chercher à la comprendre, qu'elle partage sa vision austère de la vie d'un pasteur. Sans doute n'est-il pas près de laisser cette jeune femme, encore insouciante et de milieu plus modeste que lui, s'épanouir dans sa féminité.

5. Jacques Chardonne, *Les destinées sentimentales.*

Nathalie met au monde une petite fille. Malgré cela, Jean, devenu de plus en plus ambivalent à son égard, décide de se séparer d'elle et, pour qu'elle accepte le divorce, lui verse une énorme rente.

Assailli par un conflit moral pour lui sans issue, il quitte sa charge de pasteur. Il rencontre Pauline, jeune fille que des difficultés familiales ont obligée à travailler, et qui de ce fait est autonome et déjà très mûre. Ils s'aiment, se marient, ont un fils, et vivent un amour profond qui durera la vie entière. Nathalie par contre, refusant de faire le deuil de cet homme qu'elle a idéalisé, vit repliée sur elle même et sur sa fille, qu'elle voudrait élever selon son rang, mais à qui elle transmettra une grande méfiance des hommes et de l'amour.

Ce qui choque aujourd'hui, c'est l'absence de dialogue ouvert entre Jean et Nathalie. Leur couple est confronté très tôt à une crise dont ils sont incapables de parler. Peu à peu un fossé se creuse, chacun se sentant incompris et persécuté par l'autre, et ils se séparent. Jean ne connaîtra pas sa fille et, incapable d'affronter son conflit interne, préfère ne rien en savoir. Il réussit à les effacer toutes deux de sa vie, mais ni de sa pensée, ni de son cœur. Ainsi, n'osera-t-il jamais demander à Nathalie de rencontrer leur fille, malgré son grand désir de la connaître et de s'occuper d'elle, et de ce tourment qui parfois le ronge, il ne parlera jamais. En 2001, ce roman semble d'un autre âge, tant la littérature comme le cinéma montrent aujourd'hui une image différente de l'amour, chez un homme comme chez une femme, et plus encore du couple qu'ils forment.

Enfin quel que soit l'avenir d'un couple, l'enfant est très présent, jusqu'à être le centre de multiples tractations judiciaires, et parfois un enjeu de pouvoir de l'un sur l'autre.

Imaginons que Jean Barnery et Nathalie vivent aujourd'hui, et essayons de voir ce qui se serait passé dans notre société où exprimer librement ce que l'on ressent est devenu possible et souhaitable. Nathalie aurait sans doute assez vite, malgré l'image idéalisée qu'elle avait de Jean, refusé la vision austère de la vie à laquelle il lui demandait de correspondre.

Après une forte crise au cours de laquelle chacun aurait exprimé sa déception et son refus de changer sa vision des choses, Nathalie serait peut-être partie avec sa fille, préférant la liberté à la contrainte. Autre possibilité, ils auraient ensemble consulté un thérapeute de couple. Ils se seraient exprimés, non plus seulement sous la pression de la frustration, de la déception, voire de la colère, mais en profondeur. Ils auraient mieux cerné leur propre personnalité et celle de l'autre, leurs différences, et s'ils avaient néanmoins décidé de se séparer, le couple parental se serait maintenu et Jean aurait largement contribué à l'éducation de leur fille, à laquelle il se sentait profondément attaché. Nathalie aurait travaillé, mais sans doute, vu son immaturité et son idéalisation du mariage, aurait-elle eu des difficultés à faire son deuil de ce premier couple. Peut-être se serait-elle précipité dans une autre relation afin de remplir le vide affectif laissé par cette rupture. Peut-être un jour ou l'autre aurait-elle consulté, insatisfaite dans ses relations affectives, ou dépassée dans son rôle de mère, sa fille présentant par exemple, des difficultés scolaires ou relationnelles.

En écho à la version de l'amour décrite dans *Les destinées sentimentales*, il semble que l'amour fut vécu longtemps comme une fatalité, d'où le titre donné par Jacques Chardonne à son roman, et que de nos jours on veuille en faire un choix libre. Mais ne sommes-nous pas alors confrontés à une apparente dualité entre « vivre en couple » et « aimer ses enfants », que la modernité dévoile comme jamais ?

Apports et dérives de la modernité

Le siècle qui vient de s'achever a vu se transformer la condition féminine et l'image de la femme. L'accès à l'enseignement universitaire et professionnel au même titre que les hommes, la découverte de la contraception et la libéralisation de l'avortement, ont largement ouvert aux femmes des carrières jusque là occupées par les hommes. Non seulement elles y ont trouvé une autonomie financière, mais aussi une liberté de penser par elles-mêmes.

Par contre, l'homme y a perdu la stabilité de sa position masculine au sein du couple, et plus encore dans sa fonction paternelle. Certes, chacun peut, à l'intérieur de la relation, s'exprimer plus librement qu'autrefois, mais cela n'en est pas pour autant devenu facile.

Si l'on souffre trop au sein d'une relation conjugale on peut, aujourd'hui plus facilement qu'hier, s'en dégager. Cependant, rien n'est plus subjectif que la souffrance psychique, et de toutes façons assumer une rupture est aussi une souffrance. Sur un autre plan, en optant pour la rupture, qui apporte sur le moment une libération, on perd de vue la notion qu'une relation éprouvée dans la durée peut, en s'approfondissant, offrir un bonheur moins passionnel mais plus fécond parce que plus stable, et au bout du compte épanouissant pour chacun et nettement plus sécurisant pour les enfants. Il est évident que parfois la séparation du couple suffisamment parlée et assumée auprès des enfants, est une façon de limiter la répétition parfois mortifère des crises. Dans ces cas sans solution heureuse, la mésentente parentale s'enracine souvent dans les traumatismes infantiles des parents, témoins des conflits de leurs propres parents. Aujourd'hui, la possibilité de consulter en couple et en famille permet un filtrage au moins partiel des traumatismes vécus par les enfants témoins des épreuves parentales.

Pour le thérapeute, le fait que Jean Barnery ait été orphelin dès son enfance donne tout son sens à son incapacité à se situer comme père dans son divorce. Inconsciemment, il semble répéter vis-à-vis de sa fille l'abandon paternel qui a marqué son enfance.

De ce passé il ne parlera jamais, et sa fille n'en saura rien. Elle portera cette crypte au fond d'elle et le comportement pré-délinquant de son adolescence, fugues, liaisons multiples sont à relier à ce père manquant. Ceci évoque la forclusion du nom du père dont parle Lacan.

Soulignons que la société étayée sur des normes stables, reconnues et acceptées de tous, a contenu les drames individuels de ces deux femmes en détresse, leur permettant, malgré leur histoire, de trouver un sens à leur vie.

Nathalie se tourne avec sincérité et courage vers la religion, en transmet quelque chose à sa fille qui opte pour la vie religieuse et entre au couvent. Cette vie de pardon va leur permettre de restaurer pour l'une comme pour l'autre les profondes blessures narcissiques laissées par leur histoire.

Qu'en est-il aujourd'hui de l'homme face à la fonction paternelle ?

Nous avons entrevu que, si la femme moderne est libre d'accepter ou non une grossesse, la représentation qu'elle se forge de son rôle de mère s'en trouve survalorisée. Par contre la place du père auprès de l'enfant, même si l'on en parle plus qu'avant, se cherche encore entre les normes assez précises d'hier et les libertés d'aujourd'hui. Sans doute est-ce à la femme de l'y appeler et de lui faciliter l'accès à cet univers de la naissance qui fut longtemps tabou et fermé aux hommes. On a proposé depuis quelques années des exercices utilisant le toucher et la parole (haptonomie), pour permettre au futur père de prendre sa place près de l'enfant pendant la grossesse. Le rendez-vous d'échographie, l'annonce du sexe de l'enfant sont d'autres moments précieux susceptibles de faciliter l'investissement fantasmatique et imaginaire de l'enfant.

Ces voies nouvelles ouvertes par la modernité ont cependant leurs dérives possibles. Si l'égalité des droits et des devoirs parentaux dans le divorce est un bien en soi il peut aussi être source d'une confusion entre les droits et l'exercice d'une fonction qui restera toujours différente et spécifique. Il est fréquent d'entendre des couples se déclarer interchangeables pour ce qui concerne la maison et les enfants. De là à exiger de l'un qu'il soit une vivante réplique de l'autre il n'y a qu'un pas qui risque d'introduire un déni des différences sexuelles, fondatrices de l'identité. L'équilibre du couple, comme celle des relations parentales, se forgent dans la reconnaissance de l'altérité, symbolisée par la différence des sexes.

Enfin, il peut arriver qu'après une séparation éprouvante le père ou la mère, en quête d'affection, demande inconsciemment à l'enfant de remplir le manque. Même s'il n'est question que de présence et d'affection le glissement vers une relation à composante incestuelle peut être dramatique pour l'avenir de l'enfant. Nous aurons l'opportunité d'en reparler, car les deux repères indispensables à la croissance psychique de l'enfant et à la structuration de son identité sont et resteront la différence des sexes et l'écart différentiel des générations.

Avant d'approcher de façon différentielle le désir d'enfant pour l'homme et la femme, il nous semble important de réfléchir en amont sur les difficultés à former un couple, et sur les causes de certaines stérilités inexplicables, et dites pour cela psychogènes. C'est finalement plus fréquent qu'on ne le pense : d'une part avoir des relations sexuelles ne signifie pas être capable de vivre en couple, et d'autre part passer de bras en bras, peut être une façon de dénier la difficulté à exister devant l'autre et son insondable différence. Or, désirer l'enfant mais pas le couple, ce qui est fréquent aujourd'hui, c'est escamoter une étape de maturation indispensable à l'équilibre psychique dont on a besoin pour devenir parent.

CHAPITRE PREMIER

Les entraves psychologiques à la formation du couple et à sa fécondité

Les blessures de l'enfance

Les entraves psychologiques à la formation du couple et à sa fécondité, c'est-à-dire la solitude non désirée et la frustration affective et sexuelle qui en résulte d'une part, et d'autre part la découverte d'une stérilité inexpliquée, sont d'origine relationnelle. Elles s'enracinent dans les interactions précoces mère-enfant, sans négliger la place essentielle du père et de l'environnement familial et social.

Les personnes qui souffrent de solitude par incapacité à aller en confiance vers les autres pour tisser avec eux des liens affectifs et sexuels, manifestent d'une façon ou d'une autre un trouble de l'estime de soi.

Dans le cas d'une stérilité psychogène, il s'agit le plus souvent d'un conflit non résolu, souvent ignoré, voire dénié, organisé tout au long de l'enfance autour d'émotions vécues dans la relation à sa propre mère, mais aussi au père et au couple parental.

De ce jeu relationnel, organisateur de notre dynamique pulsionnelle, nous n'avons pas de souvenir conscient, car il se situe avant l'accès au langage, véritable outil de la pensée. C'est ce que l'on désigne par traumatismes précoces. Ils laissent dans notre inconscient des traces actives à partir desquelles se structurent nos symptômes.

Être incapable d'exprimer ses émotions et de parler de soi, de ce que l'on ressent, avec son conjoint est un symptôme. Ne pas supporter que son enfant pleure ou vous résiste sans se mettre en colère, le gronder, voir le battre, ou partir en claquant la porte, est un symptôme. Être en difficulté dans ses relations sexuelles par suite d'éjaculations précoces ou de frigidité sont des symptômes. Être incapable de s'exprimer devant les autres sans rougir ou bredouiller est un symptôme, etc. Ces symptômes d'ordre relationnel colorent ou encombrent la vie quotidienne des familles, et sont la toile de fond des difficultés conjugales et des entraves à l'exercice du métier de parent.

Le symptôme représente la réponse globale la plus cohérente aux innombrables séductions de l'enfance. Séduction est ici à entendre au sens large que lui donne Jean Laplanche [1]. La psyché maternelle, premier récepteur et organisateur de la psyché infantile l'imprime. À ces multiples impressions l'enfant réagit à son tour. Ce duo/duel mère-enfant reste un schéma relationnel qui sert d'étayage au narcissisme, donc à la représentation que nous avons de nous-mêmes. Cette base sera la source de nos capacités relationnelles futures. Si les bonnes expé-

1. Jean Laplanche, *Nouveaux fondements pour la psychanalyse.*

riences laissent une trace positive pleine, celles qui sont trop douloureuses parce que, émanant par exemple d'une mère dépressive et endeuillée au moment de notre naissance, peuvent rester irrecevables et laisseront un vide. L'enfant s'identifie à ce qu'il perçoit dans le regard maternel. C'est ce qu'évoque Marguerite Duras dans son roman *L'amant :* « Dans mon enfance, la douleur de ma mère a occupé l'espace du rêve. »

Dans un de ses livres sur le Liban, le père Mansour Labaky évoque la naissance tragique, en plein bombardement, d'un enfant, « mon vagabond de la lune », dont la mère meurt en le mettant au monde. Il sera recueilli par sa grand-mère, seule survivante de la famille, qui chaque fois qu'elle s'occupe de lui pleure la mort de sa fille. Cet enfant, pour qui le chagrin d'une grand-mère fut le premier miroir de son narcissisme, aura bien du mal à échapper à la psychose et à établir des relations affectives avec son entourage. Recueilli dans un orphelinat, il faudra des mois de patience affectueuse et d'effort de la part de tous, pour que cet enfant sauvage prenne conscience de son histoire, l'accepte et réussisse à établir des relations satisfaisantes avec ceux qui l'entourent.

Certes, ces exemples sont heureusement plutôt rares, mais des traces émotionnelles traumatiques nous en avons tous, et d'une certaine façon, c'est aussi sur elles que nous développons nos compétences, nos qualités, et nos traits de caractères en sont imprégnés. À doses homéopathiques ou supportables, elles stimulent la croissance et facilitent notre maturation psychique.

Si elles sont excessives, elles bloquent notre croissance, handicapent notre évolution psycho-affective et nous laissent immatures car fixés à nos « objets d'amour » infantiles. Entre également en compte, dans notre route vers l'autonomie, le capital génétique dont nous disposons à la naissance, qui selon sa richesse peut accroître ou diminuer nos chances de parvenir à un équilibre adulte satisfaisant. Quelques illustrations cliniques vont nous permettre de relier ces points théoriques avec la vie de tous les jours.

Chantal avait 34 ans lorsqu'elle vint consulter, car elle souffrait à son âge de ne pas vivre en couple, comme tout le monde. Elle avait des amis, avec lesquels elle partageait certaines activités, mais les garçons choisissaient une autre fille lorsqu'ils se décidaient à vivre en couple : « Qu'avaient-elles donc de plus, ces filles qui savaient retenir un homme ? »

Sa demande, qu'elle adressait à un thérapeute de couple, était d'être enfin comme les autres, de ne plus vivre seule.

Ses parents, de milieu modeste, avaient choisi de n'avoir qu'un enfant, afin de pouvoir tout lui donner. Il est vrai qu'ils étaient tous deux marqués dans leur histoire familiale d'abandons répétitifs, sur plusieurs générations. « Tu es tout pour nous », tel était le message parental qu'elle avait intériorisé depuis sa tendre enfance. Dans ce cocon familial, se séparer était impensable, sans doute ces liens immuables devaient-ils conjurer les abandons passés. À cet excès d'amour maternel, Chantal répondit à l'adolescence par une anorexie mentale, comme un rejet de son image corporelle. La médecine parvint néanmoins à faire d'elle une jeune fille, mais son pouvoir de séduction auprès des garçons ne lui suffisait pas pour désirer dans la réalité avoir une vie de couple et mettre au monde des enfants.

Il fallut le cadre solide de la thérapie pour qu'émergent les moments difficiles de sa relation à sa mère, les séparations entre autres. Peu à peu elle prit conscience de sa profonde ambivalence face à la vie en couple, ainsi que de sa dépendance/fixation à ses premiers objets d'amour qu'étaient son père et sa mère. L'homme de son désir inconscient reste le père qu'elle choisit dans ses liaisons, puisqu'elle se retrouve toujours à côté d'un homme qu'elle enlève à une femme. Mais derrière ce lien œdipien apparaît un lien maternel exorbitant face auquel l'homme n'a pas de place et reste celui qui dérange. Au fond Chantal est toujours une petite fille malgré ses 35 ans. Son corps plat évoque celui de l'enfant merveilleux (mâle ?) du couple parental dont le deuil n'a pu se faire. La représentation d'une relation symbiotique mère-nourrisson faisait surgir de profondes angoisses, et de violents mouvements de rejet. Par contre avec les enfants des autres, elle établissait sans difficulté des relations de qualité, et vivait avec eux de vrais moments de bonheur, ce qui n'est nullement contradictoire avec cet interdit de grandir instauré par l'inconscient familial.

Élise a vécu l'inverse, elle avait trois ans lorsque sa mère se sépara de son père car il était violent. Malmenée entre un père qui changeait souvent de femme et une mère qui avait refait sa vie avec un autre homme ayant plusieurs enfants, elle n'a connu ni la protection, ni la sécurité dont l'enfant a besoin pour grandir.

À l'adolescence, elle a rompu avec eux pour faire sa vie, mais n'ayant pas de métier, elle connut la rue et les foyers pour jeunes en difficulté. Les « mecs » elle en a vite fait le tour : « Tous des machos, ou des nuls ! » Elle décide d'avoir un enfant qui sera « bien à elle » : tous les deux ils formeront la famille idéale qu'elle n'a pas eue. Pour lui, elle va sérieusement se mettre à travailler afin d'avoir ce qu'il faut à la maison pour y être bien. Élise n'a aucune idée de ce qu'est un bébé dans la réalité : elle rêve comme l'enfant qu'elle est toujours. Sa grossesse ne se passe pas bien, elle supporte mal ce ventre qui la gêne déjà et angoisse à la moindre contraction. Elle accouche prématurément d'un bébé de petit poids qui réclame des soins constants qu'elle est incapable de lui donner. Ce bébé réel, fragile, est si loin du bébé merveilleux qu'elle attendait qu'elle est incapable de nouer avec lui la relation affective sécurisante dont il a besoin.

Le petit ange qui devait miraculeusement faire d'elle une mère épanouie, est devenu un petit monstre qui la persécute et qu'elle rejette. Sans la compétence de l'équipe hospitalière qui les reçoit régulièrement en grande détresse, et sans la présence régulière d'une puéricultrice à domicile, elle pourrait vite être une mère maltraitante.

Il arrive néanmoins que sur des traces infantiles douloureuses, une vie adulte en couple se mette en place, relativement harmonieuse, et que ce soit l'émergence d'un désir d'enfant qui réveille des émotions réprimées ou refoulées. C'est une épreuve pour un couple que de réaliser qu'une stérilité peut avoir une origine psychologique.

Le défaut de maturité

Pierre et Catherine sont mariés depuis une douzaine d'années. Pierre est très pris par son travail et y trouve une réelle satisfaction. Catherine « s'occupe », mais son travail est plutôt un passe-temps qu'une source d'épanouissement personnel. Si elle était totalement libre, elle se verrait bien parcourir le monde au service d'une belle cause, mais cette vie d'aventure que par tempérament elle aurait adoré n'est plus pour elle. Elle s'est mariée jeune, contente de se libérer des tensions familiales, et pense aujourd'hui que le sens de la vie d'un couple est d'avoir des enfants. Voilà pourquoi, alors qu'elle ne parvenait pas à être enceinte naturellement, ils ont décidé de mettre toutes les chances de leurs côté en s'adressant à la médecine. Les PMA [2] n'ont plus de secret pour eux, mais aujourd'hui devant des échecs répétés, ils pensent ouvrir un dossier d'adoption et viennent ensembles consulter un psychothérapeute.

Cette démarche est un choix personnel. Ils n'en ont pas parlé à leurs familles qui, du reste, n'y croient pas. Si Pierre accompagne Catherine dans cette nouvelle tentative, c'est qu'il a très peur que, devant les échecs de la médecine, elle ne « tombe en dépression ». Pourtant ils viennent de recevoir l'agrément de la commission d'adoption.

Cette fois toutes les chances sont de leurs côté, étant un jeune couple stable avec une situation financière suffisante. Plusieurs propositions leur sont faites. C'est à eux de choisir, mais face à cette décision, Catherine est très hésitante, et passe en revue tous les inconvénients possibles d'une adoption : race différente, culture et langue étrangère, etc. Elle ne peut s'empêcher d'anticiper la situation de cet enfant à qui l'on demandera sans cesse d'où il vient, vu la couleur de sa peau, et parfois même pourquoi ses vrais parents l'ont abandonné.

2. Procréation médicalement assistée.

Pierre laisse Catherine exprimer ses craintes : à l'évidence, s'il l'accompagne volontiers dans ces multiples démarches depuis plusieurs années, c'est pour la soutenir dans ce parcours éprouvant. Pour lui personnellement, entre son travail dont il attend et reçoit beaucoup, sa vie de couple, leurs amis et les voyages qu'ils aiment tous deux, il est satisfait.

Finalement, Catherine fait le choix, devant Pierre qui l'approuve, de continuer seule les entretiens qui, de ce fait, débouchent rapidement sur une thérapie.

Pendant plusieurs mois Catherine utilise les séances pour y déverser amertume et déception. Personne ne trouve grâce à ses yeux : famille, collègues, voisins sont dépeints de façon très négative ; seuls un ou deux couples d'amis ont droit à sa confiance et à son affection. Heureusement qu'elle a son chien : lui au moins ne la déçoit pas, et lui fait une fête lorsqu'elle rentre chez elle.

Peu à peu, elle parle d'elle, de son enfance solitaire entre un père autoritaire qui s'absentait souvent et une mère, peu affectueuse qui, bien que ne travaillant pas, était toujours débordée et déléguait à des domestiques la gestion de la maison et l'éducation de sa fille. À propos de la sévérité paternelle, elle évoque une scène qui lui fit très mal et dont elle se souvient comme si c'était hier. Alors qu'elle donnait un avis sur un événement concernant la famille, son père se mit en colère et la somma de se taire, soulignant qu'à l'avenir il la priait de n'ouvrir la bouche que lorsqu'elle aurait à dire quelque chose d'intelligent. Depuis cette scène elle ne parle plus à son père et, prenant sa vindicte au pied de la lettre, n'ouvre plus la bouche devant lui ! Elle ne connaît pratiquement pas sa grand-mère maternelle, sa mère étant fâchée avec elle depuis longtemps, sans qu'elle sache vraiment pourquoi, n'ayant jamais osé la questionner à ce sujet.

Catherine s'exprime de plus en plus facilement. Elle qui pensait avoir peu de souvenirs d'enfance, évoque aujourd'hui volontiers ceux qui l'ont marquée et, les émotions jadis réprimées pouvant se dire, elle semble en être soulagée. À travers certains rêves, Catherine prend conscience de sa profonde ambivalence face à la maternité et au métier de parent. Elle prend conscience que sa motivation principale à vouloir un enfant était de pouvoir se sentir, grâce à lui, exister devant son père et sa mère qui enfin la considéreraient en adulte.

Ses collègues lui disent qu'elle est de plus en plus à l'aise dans ses relations avec les autres, et elle-même s'en aperçoit et s'en trouve mieux. À mesure que la thérapie avance, ses représentations du monde adulte perdent leur virulence, une vraie maturation se fait jour.

Elle pense de plus en plus à mettre une part de son temps libre au service d'un organisme humanitaire et, à peu près en même temps, décide de mettre fin à nos rencontres. Je ne connais pas la suite de son histoire, mais elle est encore jeune et semble plus à même maintenant de se situer devant la réalité de l'avenir pour faire de vrais choix.

Un conte pour enfant, connu de tous, illustre bien le thème de la difficulté de grandir et de la façon dont certains enfants intériorisent le comportement des parents vis-à-vis d'eux comme un interdit de grandir, c'est l'histoire de Peter Pan. Peter Pan est un petit garçon qui, un jour, décida de s'envoler pour ne pas grandir et échapper ainsi au destin des humains. Il est représenté avec un costume de plumes d'oiseau puisqu'il préfère survoler le monde des humains plutôt que d'y entrer. Il tient une flûte dans ses doigts car il ne veut que s'amuser et vivre de plaisirs. Pourtant il eut le désir de revoir sa maman mais quand il arriva sur le rebord de la fenêtre, il la vit endormie, une larme au bord des yeux, sans doute devait-elle pleurer son enfant. Il aurait pu rentrer, se blottir contre elle, et accepter une fois pour toutes d'être un *petit* garçon, mais il préféra retourner encore au jardin des fées, et pensa qu'il lui serait facile de revenir plus tard. Hélas, quand il revint, la fenêtre était fermée et sa maman occupée avec un autre bébé ! Il eut beau frapper avec ses petits poings sur les carreaux de la fenêtre, c'était finit. Au jardin des fées, il retrouva ses amis et ses joies, mais son cœur se ferma et se durcit.

Pour avoir un cœur qui sait aimer, il faut avoir été en mesure de recevoir de l'amour et d'en donner. Au jardin des fées on trouve tous les plaisirs, on se sent tout puissant, mais il est interdit de grandir et, lorsque tombe la nuit, arrivent les pirates, les crocodiles et le capitaine Crochet. Certes c'est la loi du plaisir, mais c'est la jungle, le royaume de la peur et des monstres (on pense à Éliane dont le bébé ne peut être que merveilleux ou persécuteur !). Il y a souvent un lien entre un enfant qui décide de ne pas grandir et une maman dépressive enfermée dans un deuil qui ne se fait pas.

James Matthieu Barry est le neuvième enfant et le troisième fils d'une famille écossaise de modeste condition [3]. Le vœu exprimé par les parents était que les enfants étudient et accèdent à une vie meilleure que la leur. L'aîné des garçons, déjà à l'université, s'en sortirait, le second,

3. Katleen Kelley Lainé, *Peter Pan ou l'enfant triste.*

brillant, leur permettait, à la mère surtout, de forger des espérances grandioses quant à son avenir. Hélas, il mourut le jour de ses quatorze ans d'un accident de patinage sur un lac dont la glace se brisa brutalement. Sa mère qui était une femme courageuse, tomba alors dans une dépression profonde, refusant de se lever de son lit et de parler à quiconque. James avait six ans et mit toute son affection et son imagination à « réveiller » cette mère chérie repliée sur son chagrin. Au début, il inventait les pitreries les plus cocasses, notant sur un carnet le nombre de sourires ainsi arrachés à sa mère pour les signaler au docteur. Les enfants décident parfois de soigner leurs parents. Sur le conseil de sa sœur, très observatrice, il accepta de lui parler de ce frère disparu, même si pour cela il devait faire taire une jalousie bien normale. Il découvrait que ce qui rendait la vie à sa mère était l'idée que ce fils mort si jeune resterait toujours un enfant, « son enfant ».

Peu à peu, ils passèrent de longs moments à évoquer le passé, puis à lire des histoires d'aventures pour enfants, et bientôt il se mit à inventer des histoires lui même. À neuf ans, il écrivit son premier conte pour enfants et, devenu adulte, il fut journaliste, écrivain et dramaturge. À vingt et un an il s'éprit d'une jeune actrice qui tenait un premier rôle dans une de ses pièces, et l'épousa pour faire comme tout le monde. Si James était un homme célèbre, dans le lit d'une femme il était incapable d'être un amant. Rapidement le couple se délita, leur vie affective et sexuelle étant inexistante. Il apprit par la rumeur publique, car il était incapable de percevoir les signes de détresse que sa femme manifestait comme elle le pouvait depuis qu'ils vivaient ensemble, qu'elle avait une liaison et ils divorcèrent.

Assez vite, il se lia d'amitié avec un jeune couple ayant trois enfants ; il devint l'ami de la famille et vite l'indispensable partenaire de jeu des enfants. Leur père mourut prématurément et, si au début James put représenter un soutien pour la famille, les enfants grandissant, son influence sur eux devint moins bonne, parfois même néfaste, et une fois encore les liens affectifs se délitèrent. Il ne pouvait être, ni un homme pour une femme, ni un père pour des enfants qui avaient perdu le leur.

Il se peut que non sans peine l'on parvienne, grâce à une médecine performante et avec l'aide de la psychothérapie, à franchir un à un les obstacles psychologiques à la maturation de soi, afin de mener sans trop de difficulté une vie de couple et de parent, et c'est à l'âge où les enfants grandissant vont partir, que par un effet de boomerang les angoisses dépressives ou persécutives resurgissent, réactivées par les séparations qui se profilent. Ajoutons que la fin de l'adolescence des enfants coïncide souvent avec la maladie ou la mort des parents, signifiant des séparations plus douloureuses encore.

C'est ce qui arrive à Sandrine qui, à l'approche de la cinquantaine, est envahie par le retour en force de peurs et d'angoisses insurmontables et handicapantes. Sandrine consulte un psychothérapeute pour la troisième fois. Elle a deux enfants, une fille aînée d'un premier couple et un garçon d'un deuxième couple. Mariée jeune à un garçon que sa mère admirait et, ne voyant pas de grossesse se profiler, elle consulta et les médecins, après avoir confirmé une stérilité apparemment due à une déficience hormonale, lui proposèrent de la traiter. Déjà à l'adolescence, ayant été anorexique, elle avait été traitée pour avoir des cycles réguliers. Elle fut enceinte, la grossesse fut difficile et l'accouchement aussi. Ne s'entendant pas avec son mari, elle divorce, et sa mère pour l'aider lui ouvre sa maison. Cette cohabitation fit remonter de telles angoisses qu'elle entreprit une psychanalyse.

Elle réalise peu à peu la place que sa mère prend dans sa vie, et l'effacement de son père à partir du divorce de ses parents. Première enfant du jeune couple, elle fut adulée par l'un et l'autre. Sa mère la plaça sur un piédestal, mais elle devint *sa* chose et aujourd'hui encore il lui semble, quand l'angoisse l'envahit, ne pas savoir qui elle est en vérité, au point de se sentir à côté de sa propre vie.

Si certaines scènes d'enfance sont très présentes, elle les évoque avec une apparente neutralité. La répression des émotions reste parfois l'unique moyen pour un enfant de tolérer l'intolérable. Elle n'avait pas dix ans lorsque sa mère, faisant une scène à son mari, apprend de lui qu'il a une liaison et, entrant dans une colère folle, le chasse de la maison puis s'effondre en pleurs. Une autre fois, elle ne se rappelle pas pourquoi, sa mère un soir quitte la maison, la laisse seule avec son petit frère, et part en voiture dans la nuit comme une folle, disant qu'elle allait faire un malheur. À cette époque tantôt elle, tantôt son frère, allait sur la demande de leur mère, coucher avec elle et partager son lit.

Pour elle, ne pas grandir était à la fois ne jamais entrer dans ce monde qui faisait tant souffrir sa mère et l'assurer de sa fidélité. On imagine qu'à l'idée de devenir mère elle-même, son corps se bloquait. Sans doute sa psychanalyse lui a-t-elle permis un travail d'élaboration explicatif de ses symptômes, sans parvenir néanmoins à mobiliser suffisamment la petite fille tapie en elle, pour que remontent les effrois et les angoisses attachés à de telles scènes.

Avec courage, après son analyse, elle essaya de vivre une nouvelle vie et se remaria, avec un homme père de trois enfants issus d'un premier couple. Aujourd'hui, au moment où sa fille prend son autonomie, elle ne supporte pas cette séparation et des angoisses qu'elle est incapable de gérer l'envahissent. Avec sa raison, elle sait que tout cela est normal, mais elle est dominée par ses émotions et ses peurs, au point d'avoir du mal à continuer à mener une vie normale.

Elle craint de mettre en péril son couple et réalise que, lorsqu'elle ne se sent pas bien, elle déverse sur son mari des reproches immérités, qui ne sont que le support d'angoisses insupportables. Elle se surprend par exemple à être odieuse avec ses beaux enfants, à leurs trouver tous les défauts du monde pour qu'ils ne viennent plus. Voir son mari être avec eux le père affectueux et présent qu'elle n'a jamais eu, lui est insupportable. Elle devient alors agressive avec tout le monde, ce qui installe dans la famille une tension invivable. L'enfant traumatisé sans doute au-delà de ce qu'il pouvait supporter, l'habite encore, rendant sa vie de couple difficile et parfois impossible son métier de parent.

CHAPITRE II

L'ambivalence du désir d'enfant

Désir d'enfant, refus d'enfant

« Désir d'enfant, refus d'enfant », formulé ainsi, le sujet illustre davantage la façon dont on en parle actuellement qu'il ne reflète les sentiments multiples qui habitent le cœur d'une femme ou d'un homme confrontés à ce problème.

Le sujet est d'actualité et, s'il déchaîne les passions, c'est aussi parce qu'il est présenté sans nuance, « un enfant à tout prix », comme s'il devait occuper tout l'espace du désir parental, et inversement, « un enfant à aucun prix », comme si sa venue constituait une menace absolue. Sans doute, se réactive là le vœu secret de l'homme d'accéder à la toute puissance. Nous pouvons constater combien cette toute puissance, chaque fois qu'elle devient possible, induit la violence et installe la peur.

Il faut remonter à l'époque romaine pour voir que le père de famille a un droit de vie et de mort sur ses enfants. C'est seulement trois cent ans après Jésus-Christ que ce droit lui fut enlevé. Toujours avant l'ère chrétienne, les Carthaginois avaient coutume de tuer leur premier-né et de l'offrir aux dieux. Pour certains, le pouvoir de la femme de donner la vie humaine aurait été vécu comme un outrage à la virilité. Enfin, en faisant disparaître le nouveau-né, l'homme rend impossible la relation duelle et symbiotique de la mère et de l'enfant dont il est exclu. Si la femme a le pouvoir de donner la vie, lui a celui de donner la mort.

Il est toujours utile de se rappeler ce lointain passé si l'on veut réfléchir sur l'évolution actuelle des mentalités. C'est avec le christianisme que la vie, don de Dieu, est devenue sacrée. Au Moyen Âge, un enfant sur deux mourait en bas âge et les familles nombreuses étaient nécessaires car il fallait des bras pour assurer l'économie domestique. À l'époque, l'enfant est représenté dans la peinture, non pas avec les charmes particuliers de l'enfance, mais comme un petit adulte.

Avec l'amélioration des techniques, puis l'industrialisation, on a moins besoin de bras, la mortalité diminue et, dans les villes surtout, un enfant de plus c'est aussi une bouche à nourrir. La pauvreté existe, fait peur, les abandons d'enfants ne sont pas exceptionnels. Lorsque cela est possible, ils sont envoyés en nourrice, mais là aussi les choses ne se passent pas toujours bien pour l'enfant. Au XVIIIe siècle, apparaît l'intérêt de l'enfant pour lui-même. On écrit des traités sur l'éducation, et la mère de famille est valorisée dans cette fonction. Par contre, un enfant conçu hors mariage est un drame et la faute morale passe avant le possible désir de sa venue. Même s'il existe des moyens pour éviter une grossesse, ils sont peu fiables.

C'est seulement depuis ce dernier quart de siècle que les progrès considérables de la science en matière de contraception ont semblé résoudre cet important problème. En réalité, ils ont mis en évidence les sentiments complexes que recouvrent le désir ou le refus d'enfant.

Le désir est une notion qui ne s'applique qu'à l'homme. En cela, il est impossible à cerner vraiment : il nous échappe toujours. Il concerne la philosophie, la métaphysique, la psychologie, et plus encore peut-être la psychanalyse dont c'est l'objet principal. Pour le psychanalyste, le désir fait toujours écho au souvenir d'une satisfaction antérieure, en différence avec le besoin directement rattaché à une sollicitation pulsionnelle du moment. Lacan définissait l'homme comme un être de dépendance et de manque, à tous les niveaux. Le manque crée un état de tension qui est ressenti comme un besoin, mettant en route une excitation pulsionnelle dont le but sera la satisfaction qui, une fois obtenue, permettra une trêve momentanée de l'état de tension par le plaisir qu'elle procure, par exemple la faim ou la soif. Ce plaisir laisse une trace mnésique, et c'est sur cette trace que se structurera le désir. « Le plaisir imaginé s'appelle désir », selon Ricoeur. Le philosophe et le psychanalyste se rencontrent ici. Lacan va plus loin, et c'est intéressant pour notre sujet : il relie le besoin, la demande et le désir. La demande est un besoin qui s'adresse à une personne, le désir est ce qui reste au cœur de la demande et que rien ni personne ne pourra jamais combler. Autrement dit, aucun enfant au monde ne pourra prétendre satisfaire au désir de ses parents, aucune femme ne pourra prétendre rempli le désir d'un homme et *vice versa* et ainsi de suite. Revenons aux deux composantes du désir, la mémoire, source de notre imaginaire, et la pulsion, interprète et ambassadeur dans le monde psychique de l'excitation, signal d'un besoin organique.

Faire un enfant, c'est toujours lancer un défi à la mort, la pulsion d'auto-conservation ou pulsion de vie, en est le garant. Mais, c'est aussi accepter le temps qui s'écoule faisant de nous tour à tour des enfants, des adultes, des vieillards.

Cette possibilité de se situer devant la vie en acceptant la mort est signe de maturité. Je l'illustrerai tout à l'heure par des exemples où le désir d'enfant est mis en échec par un défaut de maturité. La maturité, pour une femme, est étroitement liée à sa capacité de se vivre « séparée » d'avec sa propre mère, nous y reviendrons. Je disais tout à l'heure que le désir fait écho à une satisfaction antérieure. En cela, exprimer un désir c'est parler de soi.

Lorsqu'il s'agit du désir d'enfant, cela donne :

– l'enfant que l'on a été (retrouver la fusion maternelle) ;
– l'enfant que l'on aurait voulu être (pour satisfaire la mère) et que l'on n'a pas été.

Cet enfant imaginaire des parents est la base de l'*Idéal du Moi.* Nous désignons les composantes du désir lié à cette image d'un enfant idéal, la composante narcissique.

Une autre composante, pulsionnelle cette fois, s'enracine dans les liens d'amour qui se tissent entre le petit, garçon ou fille, et ses parents. Ils sont plus ou moins forts mais sont nécessaires à la constitution de son identité. Qui n'a pas souri en entendant une petite fille déclarer à sa mère : « Quand tu seras morte, je me marierai avec papa », ou, réciproquement, un petit garçon dire à cette même mère : « Quand papa sera mort, je me marierai avec toi. »

Chez l'adulte, ces affects, dûment refoulés, reviennent sans même devenir conscients. Tel ce jeune père, dont la femme vient de mettre au monde leur premier enfant, et qui exprime sa joie de donner ainsi « une fille à sa propre mère », qui avait tant souffert de ne pas en avoir. Nous parlons alors de composante œdipienne du désir d'enfant. Nous reviendrons sur ce chapitre à travers des exemples. Ces bases narcissiques et pulsionnelles vont nous permettre d'aborder l'ambivalence du désir d'enfant. Pour plus de clarté, nous aborderons successivement cette ambivalence chez la femme, chez l'homme et dans le couple, sachant que, dans la réalité, il y a toujours interférence puisqu'il y a toujours interaction de l'un sur l'autre. Ce sujet nous concerne tous et toutes. Même si nous n'avons pas, ou pas encore, d'enfant, nous sommes toujours l'enfant de nos parents.

Afin d'être clair il faut nommer, ce qui peut donner l'impression de caricaturer. D'autre part, nommer, analyser, c'est fixer un instant du monde psychique qui, en réalité, est en mouvement permanent.

Entrouvrir ainsi la porte de notre passé le plus archaïque peut sembler intrusif. Toutefois, ces propos ne sont pas à entendre comme des vérités absolues, mais comme des observations qui ont leur place dans une réflexion sur ce sujet complexe.

Ambivalence du désir d'enfant chez la femme

Avoir un enfant, c'est devenir mère, donc cesser d'une certaine façon d'être l'enfant de sa propre mère. C'est beaucoup moins évident sur le plan psychique que cela ne semble sur le plan rationnel. On peut se croire très indépendante parce que l'on a plus ou moins « rué dans les brancards » à quinze ou dix-huit ans, et rester profondément dépendante de sa propre mère. Ce n'est pas parce qu'un lien s'exprime essentiellement sur un registre négatif qu'il n'est pas fort, c'est parfois le contraire [1].

Pour approcher de façon plus concrète les composantes de l'ambivalence du désir d'enfant en écho avec les conflits d'enfance mal résolus, prenons un exemple.

Une jeune femme, mariée depuis cinq ans, vient consulter pour stérilité. Dans un premier temps, on procède à de nombreux examens. Aucune anomalie n'étant décelée, elle s'entend dire, ou c'est ce qu'elle comprend, « une psychothérapie pourrait vous aider, c'est dans la tête que cela se passe ». Il faudra des semaines pour qu'elle accepte de voir autre chose en sa thérapeute qu'une magicienne qui doit lui donner ce que le corps médical ne lui a pas donné.

Comment le fait de venir parler de ce qui bloque son désir serait-il susceptible de l'aider ? Fille aînée d'un couple d'humble condition, elle a huit ans lorsque son père, qui l'avait emmenée se promener avec ses trois sœurs, lui déclare : « Tu rentres avec tes sœurs à la maison mais je ne rentrerai pas avec vous car j'ai décidé de quitter ta mère et de refaire ma vie avec une autre femme ». Pendant dix ans, elle va s'occuper de ses sœurs en rentrant de l'école, parce que sa mère travaille. Que de fois le soir elle appréhende et désire à la fois le retour de sa mère, qui arrive parfois très excitée car il lui arrive

1. « Entretien avec Monique Bydlowski : les couples en demande d'enfant », *Études Psychothérapiques*.

de boire. Cette mère, et ses trois sœurs, occupent toute sa vie d'adolescente. Elle, qui aurait tant aimé poursuivre ses études, travaille comme secrétaire pour les aider.

Les premiers mois de sa thérapie sont remplis des moindres faits et gestes de ses sœurs et de sa mère. Bien que mariée depuis cinq ans, c'est à elles qu'elle pense toujours. Elle réalise alors que, pour le moment, il n'y a de place ni dans son corps, ni dans sa tête, pour un enfant.

Elle peut alors dire que c'est surtout pour son mari qu'elle est allée consulter car au fond elle se trouve bien comme cela : seule avec son mari, elle peut enfin vivre pour elle.

Vient ensuite une série de consultations où elle parle de son travail comme d'un énorme souci. Elle est la plus jeune dans son équipe de travail et se sent épiée et critiquée à longueur de journée par ces femmes en qui elle n'a aucune confiance. Elle peut alors décharger son agressivité sur ces substituts maternels, qui ne doivent sûrement pas « donner à leur mari envie de les retrouver le soir ».

Puis elle évoque un autre problème : son obsession de ne pas grossir (sa mère se moquait de son propre physique et s'habillait n'importe comment) et sa crainte qu'une maternité n'abîme son corps (la seconde femme de son père était très mince).

Elle décide de changer de travail et c'est au moment où elle devient secrétaire d'une femme jeune et sympathique, dont elle disait : « J'admire cette femme mais elle se donne tant à son travail qu'il ne lui reste pas de temps pour sa vie personnelle », qu'elle fut enceinte. Au début de sa grossesse, elle se laisse surmener (nouveau travail, déménagement, etc.), comme si, inconsciemment, elle laissait la porte ouverte à une fausse-couche possible.

Peu à peu, elle se détache de sa propre famille, réglant en partie ses comptes avec ses images maternelles pour accéder elle-même à la maternité.

Avant de connaître le sexe de son enfant, elle évoque longuement sa peur d'avoir une fille comme si avoir une fille comme aînée risquait de la renvoyer dans la répétition de sa propre enfance. Un faire-part m'apprit la naissance d'un petit garçon qui, souhaitons-le, aura permis à ce jeune couple de continuer sa maturation en devenant parents. Ce chemin pour quitter l'enfance, se détacher de sa mère, de son père et oser se différencier suffisamment pour vivre sans se référer à eux exclusivement, est parfois imprévisible.

François, mais surtout Lucie, désirent un deuxième enfant. Leur aîné a trois ans déjà, ils ont largement dépassée la trentaine, et Lucie a du mal à accepter que la grossesse tant désirée tarde à venir, la première grossesse étant venue dès qu'elle l'a voulue. Lui est scientifique, et se trouve vite d'accord avec Lucie pour demander à la médecine ce que la nature semble leur refuser. Ils ont recours à la procréation médicalement assistée, lorsque Lucie, désireuse de mettre toutes les chances de son côté, décide de se faire aider au plan psychologique, consciente que ce symptôme en recouvre peut-être d'autres. Elle parle facilement et, même si elle a du mal à parler d'autre chose que de sa vie quotidienne, de multiples indices d'un lien excessif à sa famille, à sa mère surtout, s'imposent. Très vite, elle évoque des moments angoissants de son enfance et de son adolescence. Enfant unique, elle était à la fois très seule et jamais tranquille. Sa grand mère maternelle, n'ayant également qu'une fille, vécut avec eux après le décès du grand-père. Elle avait un caractère autoritaire, ne s'entendait avec personne, pas davantage avec sa fille.

À la mort de cette grand-mère, sa mère fit une dépression sévère et pendant de longs mois, ne pouvant plus s'alimenter seule, elle devint véritablement le bébé de sa fille. Peu à peu, elle reprit une vie normale, mais sa fille reste son interlocuteur indispensable. Elle n'a ni occupations ni amitiés qui l'occupent : sa fille semble remplir sa vie. Encore aujourd'hui, elle ne passe pas un jour sans lui téléphoner, et entre cette mère, sa fille et son petit-fils la différence des générations n'a pas encore transformé, comme il se doit, leur économie relationnelle. Un deuxième enfant mettrait-il en danger le cocon mère-fille qui demeure inchangé et immuable en dépit du mariage, et du premier enfant ? Lucie est à même aujourd'hui de relever et d'analyser cette part d'elle-même qui s'oppose à son désir conscient et se manifeste à travers ses actes manqués, oublis de dates lorsqu'ils se produisent par exemple autour du traitement médical qu'il lui faut subir. Tout doucement, elle réalise à travers les petits riens de la vie quotidienne, sa profonde ambivalence, dans sa relation à sa mère mais aussi face à l'éventualité d'une nouvelle grossesse.

Cet exemple illustre quelques aspects de l'ambivalence du désir d'enfant mais il y en a bien d'autres. Citons en rapidement deux.

Une jeune femme de dix-huit ans, dont la mère en avait trente six, disait : « Je ne peux pas lui faire çà », c'est-à-dire prendre sa place et par là faire de sa mère encore si jeune une grand-mère. Il n'est pas rare d'ailleurs que des mères décident que leur fille est trop jeune pour être capable de s'occuper de leur bébé et que c'est à elles de le faire. Que de mères insistent avec des arguments rationnels sur la nécessité d'une IVG pour leur fille, sans s'interroger sur la signification de cette grossesse et sur la nécessité d'un dialogue devenu incontournable.

Autre exemple : la joie d'une naissance peut être court-circuitée par un événement dramatique comme c'est le cas pour cette jeune femme dont la deuxième grossesse débute par de fréquentes hospitalisations pour « contractions utérines sans raisons obstétricales ». En deux ou trois entretiens, au lit de la patiente, l'angoisse qui l'habite prend sens. Après son premier accouchement, il y a cinq ans, le jour de son retour à la maison, son mari était hospitalisé pour malaise et on posait le diagnostic de tumeur cérébrale. Cinq ans après, le couple décide d'accueillir un nouvel enfant et l'approche de l'accouchement déclenche une énorme angoisse, comme si la mise au monde devait s'accompagner de menace de mort pour son mari. Ce dernier exemple met bien en parallèle le lien entre angoisse de mort et pulsion de vie.

Jusqu'ici nous avons évoqué le désir et le refus d'enfant, fruit d'un conflit intra psychique mais nombreux sont les cas où le conflit se situe entre la femme et son environnement : « Je dois être promue à un poste important. Je ne peux pas accepter ce nouvel enfant », ou « Il me faut finir mes études et me faire une situation. Un enfant maintenant est impossible. » Il y a ici rivalité entre l'image de femme au travail et celle de femme mère. On accepte d'être une femme à condition que cela n'entrave en rien l'ascension professionnelle, comme si dans le monde des affaires il fallait choisir un jour entre se réaliser en tant que mère et assumer d'importantes responsabilités professionnelles.

Frédérique vient consulter, sur le conseil de son médecin, car elle hésite à continuer un traitement prescrit il y a plusieurs mois lorsque, partant en vacances avec son mari et ses enfants, elle fut prise d'une crise d'angoisse qui « la cloua sur place ». Certes, le traitement l'a aidé à « reprendre le dessus » de façon à mener une vie normale mais, depuis cet accroc, elle se sent vulnérable, et cette facette insécure et fragile d'elle-même ne lui convient pas du tout. Elle consulte dans l'espoir de retrouver le plus vite possible son dynamisme et sa joie de vivre. Cette jeune femme sympathique a toujours son allure d'étudiante et, même si elle se dit fière d'être épouse et mère, on sent que la vie qui passe fait partie des épreuves de réalité dont elle ne sait que faire. Entre la sénilité du grand-père qui, à son goût, accapare excessivement ses parents, de ce fait trop peu disponibles pour leurs petits enfants, et son mari « à qui il faut tout dire » pour qu'il l'aide comme elle le souhaite, elle se sent flouée et insatisfaite. Certes, elle a repris son travail à temps complet, mais chez elle ses parents travaillaient tous les deux et les enfants s'en sont bien portés. Elle ne voit donc pas pourquoi ce qui fut facile pour ses parents serait un problème pour elle. Depuis qu'elle vient régulièrement en entretien, elle prend conscience de ce qu'elle ressent, et commence à pouvoir dire à son mari ou à ses parents ce qu'elle estime avoir à leur dire et à garder pour elle ses pensées propres.

Ainsi commence-t-elle, en séance à s'interroger sur son besoin permanent de valorisation. Elle ne cesse de se comparer aux autres et se sent soulagée lorsque la comparaison est à son avantage. D'où vient cette image d'elle-même floue (incertaine, pour ne pas dire vide), instable et, à l'évidence génératrice d'angoisse ? Adolescente, elle se voyait femme d'affaires en entreprise ayant beaucoup de monde sous ses ordres. Entre cette représentation idéalisée de soi en *executive woman*, et la petite maman qui le soir doit s'occuper de ses enfants et de sa maison, il y a un fossé, qui fait surgir du fond d'elle-même colère et angoisse.

Cette sensibilité aux modèles sociaux dans le vent, qui s'imposent à elle et la tourmentent, révèle probablement un conflit entre ses choix, étayés sur les images parentales et ses désirs profonds. Nous rejoignons ici l'image actuelle de la femme qui doit être performante dans tous les domaines : pouvoir tout faire et tout faire bien.

Avant de quitter l'univers féminin, il convient de souligner la différence entre désir de grossesse et désir d'enfant. Ce qui compte pour certaines femmes c'est d'être rassurées sur leur féminité en se prouvant qu'elles sont fécondes et non d'avoir un enfant. C'est parfois le cas de grossesses survenant chez de très jeunes filles, ou chez des femmes à l'approche de la ménopause. Rappelons-nous le cas de Catherine, déjà cité, qui tout en étant la femme de Pierre semblait avoir besoin de cette grossesse pour cesser d'être devant son père une petite fille à qui l'on ordonne de se taire. Autre éventualité, le sport féminin de haut niveau entraîne souvent un arrêt de l'ovulation, certaines de ces sportives le vivent comme une perte de leur identité féminine qu'elle ne peuvent retrouver qu'en devenant enceintes.

L'enfant n'étant pas désiré pour lui-même mais comme preuve de féminité, ces « grossesses témoins » débouchent alors sur des demandes d'interruption.

Cet ensemble de mouvements intérieurs encore très actifs à l'âge adulte au point d'occuper le centre de la dynamique personnelle correspond au complexe de castration.

Il est des stérilités, ou des symptômes névrotiques, qui s'enracinent dans cette forme d'immaturité que constitue l'incapacité à renoncer aux *avantages* de l'autre sexe. Sous le couvert d'impératifs professionnels, se cache souvent un sentiment de rivalité par rapport à l'homme.

Ambivalence du désir d'enfant chez l'homme

Nous allons retrouver les mêmes composantes, narcissique (l'enfant merveilleux), pulsionnelle liée au complexe d'Œdipe, et l'élément constitutif de la maturité adulte chez l'homme qui passe par le renoncement à la féminité. Il y a en effet, en chacun, le désir des deux sexes, et l'identité sexuée pour se construire passe obligatoirement par le renoncement aux privilèges de l'autre sexe. Si j'ai évoqué en dernier cette composante lorsqu'il s'agissait de parler du désir d'enfant chez la femme, je pense plus juste de l'évoquer en début pour parler de l'ambivalence masculine. En effet, désirer un enfant pour un homme réactive la frustration plus ou moins grande que représente pour lui le renoncement à la maternité.

Rappelons ici la coutume des Carthaginois avant l'ère chrétienne de tuer leur premier né, citée dans notre introduction. Je dirais d'une façon générale que l'homme désire d'abord la femme. Ce n'est que dans un second temps qu'il désirera un enfant de cette femme. Mais même alors, habituellement la femme est plus consciente que l'homme de la fécondité possible d'une relation sexuelle. Son assentiment est souvent prépondérant car c'est elle qui sait.

Dans le vécu amoureux réciproque qui, à notre époque, fonde le couple, l'homme est d'une certaine façon émerveillé d'avoir retrouvé la première place dans le cœur d'une femme (place près de sa mère, tour à tour occupée et perdue au cours de son enfance).

D'une certaine façon, lorsque sa femme va être enceinte il peut se sentir détrôné, frustré. Progressivement, et très concrètement, le corps de sa femme est occupé par un autre. Très vite, la future mère noue avec l'enfant à venir des relations privilégiées si étroites que le futur père peut se sentir exclu ou abandonné. Illustrons cela par un exemple.

Un jeune couple consulte pour demander une interruption de grossesse. Ils ont une fille de cinq ans, et c'est lui qui parle : « Notre couple va trop mal pour avoir un autre enfant. » Sur ma proposition, une thérapie est mise en place et ils viendront régulièrement car ils souffrent tous deux. J'apprends que lui est l'aîné de cinq filles et qu'il n'avait jamais été prévenu des grossesses de sa mère. Comme celle-ci était naturellement forte, il ne s'en apercevait que lorsque arrivait un autre bébé, une autre fille. Il se sentait alors cruellement abandonné et seul entre un père « qui se tuait au travail » et une mère continuellement occupée par ses sœurs.

Lorsqu'il parle de leur rencontre amoureuse, son visage s'illumine pour dire qu'enfin il avait trouvé quelqu'un à qui parler. Déjà, lors de la première grossesse, leur couple fut secoué par de violents conflits. On devine que l'enfant qu'il était encore a dû être envahi de haine pour ce bébé qui lui prenait sa femme en faisant d'elle une mère. Aujourd'hui, inconsciemment, les souffrances du passé reviennent, et ses sœurs bébés et le bébé attendu se confondent.

La thérapie éclaire rapidement cette confusion au point de tarir la demande d'IVG. Ils ont un garçon comme deuxième enfant mais, alors que sa femme est épanouie par sa maternité, lui plonge dans une sévère dépression avec tentative de suicide.

Après deux ans de thérapie, il commence à se situer comme père de ses enfants mais reste très agressif vis-à-vis de sa femme qui ne lui donne « jamais ce qu'il attend » (reste projectif de son intolérable frustration d'enfant vis-à-vis de sa mère, et illustration de la notion de désir chez Lacan, explicitée plus haut.). Soulignons que sa relation à son propre père ayant été inexistante il lui est difficile de devenir père à son tour.

Nous retrouvons ici la même difficulté pour un homme face à l'image paternelle que tout à l'heure pour une femme face à l'image maternelle. Précisons qu'il y a toujours un écart entre le père et la mère réelles et l'image intériorisée par l'enfant, plus encore peut-être pour un père. Comme le dit Philippe Julien [2], « L'enfant se fomente un père imaginaire », avec qui il lui faudra régler ses comptes pour accéder lui-même à la paternité.

Pour illustrer d'une autre façon les nombreuses composantes du désir d'enfant chez l'homme, j'évoquerai volontiers la mythologie. Cronos, pour déjouer la prédiction selon laquelle un de ses enfants le détrônerait, les dévorait tous à la naissance. Héra, sa femme, irritée

2. P. Julien, *Le Manteau de Noé, Essai sur la paternité.*

de se voir ainsi privée de ses enfants, lorsqu'elle fut enceinte de Zeus s'enfuit et accoucha secrètement. Ayant mis une pierre dans un lange, elle la donna à Cronos qui la dévora sans s'apercevoir de la supercherie. Quand il fut grand, Zeus, aidé de sa grand-mère Gaïa, fit absorber une potion à Cronos pour l'obliger à restituer les enfants qu'il avait dévorés. Ceux-ci, conduits par Zeus, déclarèrent la guerre à Cronos : la prédiction se réalisait, illustration de la menace que peut constituer pour un père une complicité trop grande entre ses enfants et leur mère. D'autre part, Zeus, après avoir foudroyé la femme mortelle enceinte de lui, prend l'enfant qu'elle portait et en continue la gestation dans sa cuisse.

Après ce qui vient d'être mis en évidence, on perçoit facilement combien le désir d'enfant dans un couple apparaît comme un mouvement de maturation prenant en compte la nécessité de prolonger la vie, et la réalité de la mort. Désirer un enfant pour un couple c'est l'inscrire dans une filiation, lui donner une place dans une généalogie. C'est aussi concrètement se situer dans son identité sexuée. Par contre, lorsqu'au bout de quelques années sans enfant, le couple doit reconnaître sa stérilité, il éprouve, en plus de la douleur, une blessure d'amour-propre qui peut être insupportable. À cette blessure et à cette frustration vécues en couple s'ajoutent, pour l'homme surtout, une atteinte à son identité sexuelle. En effet, de la stérilité à l'impuissance, le pas est vite franchi. D'où l'acharnement à consulter dans lequel le vrai moteur est parfois cette blessure, cette atteinte à la virilité, et très secondairement un enfant pour lui-même. Être homme devant les autres est une chose, devenir père est autre chose. En écho à une image virile de soi qu'il faut sauvegarder à tout prix, rappelons que, pour une femme, ne pas assurer une descendance à son mari peut représenter, encore aujourd'hui, une véritable faillite de l'image féminine. Si l'enfant apparaît comme la réponse à un manque, il prend véritablement forme dans le désir du couple lorsque le manque qui structure ce désir est relativement assumé, autre façon de signifier la différence entre le besoin et le désir. Les multiples échecs des procréations assistées sembleraient intéressants à reconsidérer à partir de ces notions.

Nous voilà introduits à la façon différente avec laquelle chacun, à l'intérieur du couple, se situe vis-à-vis de l'enfant. Voyons maintenant les transformations de la relation de couple, quand l'enfant s'inscrit dans la vie quotidienne.

CHAPITRE III

La venue de l'enfant

« Ôtes-toi de là que je m'y mette ! »

Un événement heureux et structurant pour le couple sera la venue de l'enfant, parce qu'elle l'oblige à passer d'une relation duelle à une relation à trois. Cependant, même si l'enfant est désiré, sa venue peut être source de perturbations, voire de conflits. Pourquoi ? Entre l'enfant « merveilleux », fruit du désir et sorte de prolongement narcissique, donc différent pour chacun, et l'enfant réel à découvrir et à adopter, il y aura toujours un écart. Sans cet écart, l'enfant ne pourrait devenir lui-même. On peut être à la fois héritier des valeurs transmises par les parents dans la mesure où ces valeurs participent à la construction de la personnalité, sans pour autant devenir comme eux.

À l'enfant incombe une partie de ce travail, aux parents une autre. Progressivement, la mère comme le père auront à renoncer, à *faire leur deuil de l'enfant désiré, merveilleux,* pour investir d'un amour suffisant l'enfant *réel.* C'est un travail difficile et jamais terminé. Il y a même des moments où l'écart est si important entre la réalité et ce que l'on a désiré pour son enfant, que pour soulager son insatisfaction ou son angoisse, on se désolidarise de lui. Dans ce cas, il devient souvent l'enfant du conjoint, « ton enfant », et le jour où il nous satisfait on se surprendra à le reconnaître à nouveau et à dire « mon fils » ou « ma fille ».

La maternité est souvent une découverte comblante pour la mère, au sens figuré comme dans la réalité. Pendant les premières semaines qui suivent la naissance, elle et l'enfant restent en relation symbiotique, nous en avons déjà parlé. D'une certaine façon, la mère retrouve alors l'unité narcissique que, bébé, elle a connue avec sa propre mère.

Pour le père c'est l'inverse. Dans l'immédiateté de la naissance, il peut avoir l'impression que sa place aux cotés de sa femme est prise. Un nouveau couple s'est formé, celui de la mère et de l'enfant dont il peut se sentir exclu. « Ôtes-toi de là que je m'y mette », semblent dire tour à tour le père et l'enfant. Il y a heureusement deux places complètement différentes, l'amour sexualisé étant réservé au couple et interdit entre parents et enfants.

Il est fréquent que, dès les premières séances d'une thérapie de couple, l'un comme l'autre évoquent la naissance d'un enfant pour situer les débuts de la mésentente. Pourtant, c'est souvent autour d'un désir d'enfant partagé, qu'un jeune couple passe, de la cohabitation à l'essai, au projet de vivre ensemble dans la durée pour construire une famille. Pourquoi, alors que tout semble s'amorcer autour d'un désir partagé, cette rapide et si fréquente détérioration de la relation amoureuse ? Un exemple va nous aider à comprendre les différents niveaux émotionnels qui surgissent et s'entrecroisent à l'occasion de cet événement. L'arrivée d'un enfant inscrit, et souligne en permanence, dans la réalité quotidienne de la vie d'un couple, la différence des sexes qui fonde le couple.

En soulignant cette évidence, je pense à de nombreux couples, héritiers de Mai 1968, qui ont souhaité bâtir leur relation sur le principe de l'égalité des sexes, en confondant égalité et indifférenciation, ce qui à long terme déclenche des angoisses identitaires bien plus profondes qu'on ne le supposerait. Laurent et Julie vivent ensemble depuis cinq ans. Ils ont une fille de trois ans, et approchent la quarantaine. Ils consultent pour voir s'il est encore temps de sauver leur couple car, depuis la naissance de leur petite fille, ils n'arrivent plus à communiquer autrement qu'à travers mille et un reproches exprimés avec beaucoup d'agressivité.

Malgré de réels efforts de part et d'autre, ils sont incapables de s'expliquer calmement. Pour un oui pour un non, le ton monte et la violence, que chacun croit lire dans le regard de l'autre dans ces moments là, leur fait très peur.

Ils se sentent pris malgré eux dans un processus d'engrenage, agressivité/reproches, qui les dépasse, les blesse et les empêche ensuite d'aller l'un vers l'autre.

Laurent est toujours amoureux de Julie et la désire beaucoup, mais l'arrivée de leur fille, dont ils se faisaient une joie, a tout changé. L'accouchement fut très difficile, et cette épreuve, au lieu de les rapprocher les a éloignés, du fait semble-t-il qu'ils n'ont jamais pu en parler ouvertement. En disant cela, Laurent a les larmes aux yeux, et pour la première fois les laisse couler. Il n'aurait jamais cru être sensible à ce point aux souffrances de Julie. Que pour naître, un enfant fasse à ce point souffrir sa mère, il n'en est pas encore revenu. Julie découvre avec surprise la vraie sensibilité de Laurent qu'elle croyait blindé. Quelques jours après l'accouchement, Julie a dû subir une nouvelle intervention, mais malgré cela elle a eu la sensation de ne plus retrouver son corps d'avant.

Pour Laurent, Julie était sa princesse, il aimait la cajoler, la couvrir de cadeaux, lui offrir de jolies toilettes qui la mettaient en valeur aux yeux des autres. À Julie, il apportait ce qu'elle n'avait jamais eu, l'aisance, la sécurité, et par-dessus tout le sentiment de sa valeur. Enfin, elle se sentait désirable pour un homme, en un mot il lui ouvrait une nouvelle vie.

Depuis la naissance de leur fille, Julie n'est plus la même, elle n'est plus disponible, visiblement débordée par son bébé dont elle ne supporte pas les pleurs. Epuisée, le soir elle exige de s'endormir seule, et se sent agressée à la moindre caresse de Laurent qui ne sait comment faire pour se rapprocher d'elle. Patient au début, Laurent supporte de plus en plus mal leur éloignement affectif et sexuel. Il se sent rejeté, refusé, dévalorisé, ce qui le rend agressif. Julie explique combien, dans ces moments là, son regard hostile lui rappelle son père, dont la sévérité la faisait fuir. Laurent n'est plus alors que le grand méchant qui surgit de son enfance, et lui fait peur. Elle évoque dans un même souvenir le couple conflictuel de ses parents, et surtout l'absence de chaleur et d'affection, non seulement entre eux, mais aussi vis-à-vis d'elle.

Laurent par contre, ayant vécu dans une famille chaleureuse, ne comprend pas ce qui leur arrive, et fait malgré lui de constants parallèles entre sa mère et sa femme, ce qui met Julie d'autant plus mal à l'aise que, même si elle admire sa belle-mère, elle ne peut lui ressembler en rien, tant elle se sent différente d'elle !

Au fil des séances, ils évoquent leurs liaisons antérieures, vécues sur un mode passionnel, et se terminant par des ruptures. Laurent se situait plutôt sur un mode dominateur, imposant davantage ses valeurs à l'autre qu'essayant de les partager. C'est la première fois, pour l'un et l'autre, que la qualité de la relation établie entre eux leur a donné envie d'avoir un enfant et de construire une famille.

Laurent prend conscience de son caractère dominateur et comprend que, si au début de leur relation il attendait de Julie qu'elle le séduise et lui fasse honneur, ce qui leur allait tout à fait, aujourd'hui il exige d'elle, en plus, qu'elle soit mère et femme d'intérieur, comme l'était sa mère.

Leur relation de couple a tellement changé qu'ils ne s'y retrouvent plus, la crise déclenchant en écho pour l'un et l'autre, une véritable remise en question de leur identité. Chacun compense l'absence d'échange affectif et de reconnaissance mutuelle en redoublant d'attention et d'affection vis-à-vis du bébé, qui de ce fait se trouve être le centre de leur quête affective. Laurent devient de plus en plus directif sur la façon dont Julie devrait s'occuper du bébé, ce qui place celui-ci au centre de leur conflit. La thérapie progresse, chacun découvrant l'autre, les projections se font moins prégnantes. Après quelques mois, leur relation est un peu moins tendue. C'est alors que Laurent découvre par hasard que Julie sort avec quelqu'un d'autre, ce qu'elle ne nie pas. C'est sa façon de signifier qu'elle n'a plus aucun désir pour Laurent, qui reçoit d'autant plus douloureusement cet aveu, qu'il espérait qu'un réaménagement de leur couple était en route.

Cette relation n'aura pas de suite, mais sera l'amorce d'un véritable travail de deuil du couple qu'ils avaient investi, construit ensemble, et auquel il vont renoncer.

Ils restent en thérapie plusieurs mois, le temps de liquider autant que faire se peut le contentieux qui s'était accumulé entre eux par manque de dialogue, depuis la venue de l'enfant. D'un commun accord, ils mettent en route une procédure de divorce. En ce qui concerne le mode de garde de l'enfant, ils se mettent d'accord facilement, mais de nouvelles difficultés apparaissent lorsqu'il faut fixer le montant de la pension. Durant plusieurs séances, une nouvelle vague d'agressivité déferle à travers le thème de l'argent. Le cadre thérapeutique solide permet d'en faire l'analyse, et l'argent est un véritable analyseur de la perte que représentait pour l'un et l'autre la fin de leur couple. Pour Julie, une pension confortable représente non seulement une sécurité, mais plus encore l'assurance d'une reconnaissance de son statut de mère. Que Laurent continue à réserver pour elle et leur fille une part importante de son salaire est une confirmation de la valeur de ce qu'ils avaient vécu. Par contre, Laurent a l'impression de devoir payer deux fois le prix de la séparation, la perte en argent venant s'ajouter à la perte affective. Mais il lui reste leur enfant, ce qui n'a pas de prix, et il en remercie Julie. La thérapie prend fin lorsque chacun peut restaurer suffisamment à ses yeux l'image de l'autre pour lui faire confiance en tant que parent. Dans une des dernières séances, Julie peut dire : « Nous avons vécu une belle histoire, nous ne sommes plus les mêmes aujourd'hui, j'ai compris beaucoup de choses. »

Ce qui apparaît clairement à travers la mésentente de Laurent et de Julie, c'est le retour en force du passé de chacun, lorsque avec la venue de l'enfant il s'agit de construire son identité de parent [1]. Cette identité se forge à partir de l'expérience qu'enfant nous avons vécu, dans notre relation à nos parents.

Si Julie est à ce point perdue et anxieuse face aux pleurs de son bébé, c'est sans doute, comme elle le dit elle même, qu'elle a du mal à donner ce qu'elle n'a pas reçu. « Chez nous, il n'y avait pas de manifestation d'affection et de tendresse, ni entre mes parents qui se parlaient rudement, ni envers nous. Quand notre père venait vers nous c'était souvent pour nous gronder ! »

Laurent, de son côté, avoue avoir eu peu de contact avec son père lorsqu'il était enfant. Celui-ci travaillait beaucoup et c'est leur mère qui s'occupait entièrement des trois enfants, ayant choisi pour eux, d'arrêter un travail qu'elle aimait. Il semble que Laurent, lorsqu'il s'occupe de sa fille, trouve ses repères à partir du souvenir des soins et de l'affection maternelle qu'il a reçus. Sans le vouloir, il est plus maternel avec sa fille que paternel, ce qui a probablement renforcé la difficulté de Julie à trouver sa place de mère. Étant lui-même en thérapie actuellement, il en est conscient et s'achemine vers une façon différente de vivre sa paternité, en laissant davantage Julie organiser comme elle l'entend sa position maternelle.

1. Selon Anne Thévenot : « (...) l'inscription de chacun dans la parentalité dépend, entre autres, de sa propre constitution œdipienne. », revue *Dialogue.*

Une autre observation importante qui se dégage de ce cas est l'arrêt de la vie sexuelle du couple après la venue de l'enfant. C'est un problème important car, s'il surgit très souvent à cette occasion surtout du fait de la femme, c'est que devenir mère transforme en profondeur sa sexualité. Nous avons évoqué l'effet traumatique de l'accouchement sur la sexualité des conjoints qui, même si la représentation n'en arrive pas à la conscience, renvoie aux souffrances endurées par leurs mères pour les mettre au monde.

La brèche qui s'ouvre sur les représentations inconscientes réactualise du même coup l'évidence de la vie sexuelle des parents que tout enfant refoule.

Passer de la croyance infantile que les parents n'ont de vie sexuelle que l'instant d'engendrer un enfant à la possibilité de se retrouver amant et maîtresse, alors que l'on est devenu père et mère, demande une capacité à passer d'une scène fantasmatique à une autre, ce qui peut être source d'angoisses, et poser problème.

Autre aspect de la réalité, un nouveau couple s'est formé, celui de la mère et de son enfant, qui envahit la vie quotidienne du couple, surtout au début. Pourtant, pour que cette nouvelle relation prenne sa juste place, ni trop ni trop peu, il est essentiel que le couple conjugal garde la sienne. Il est plus facile pour un homme de se situer comme père, si sa place d'homme dans la vie sexuelle du couple est confirmée. De même pour une femme, si après l'accouchement elle vit un mouvement régressif nécessaire pour rester le temps qu'il faudra en symbiose avec le bébé, elle devra en sortir pour retrouver sa vie de femme. Chez certaines femmes, la maternité suscite un sentiment de plénitude, voire de satiété, qui leur donne l'impression, la fatigue aidant, de ne rien désirer d'autre. Heureusement, c'est le moment où le père fait réellement connaissance avec son enfant, ce qui va soulager la mère et lui permettre de penser à autre chose qu'à ce bébé, en se sentant à nouveau femme.

Je revois cette jeune maman ayant accouché par césarienne, venue consulter car, alors que son bébé avait quatre mois et allait très bien, elle refusait de le quitter, et se sentait incapable de laisser une autre personne s'en approcher. Son mari commençait à très mal vivre la situation, et elle-même prenait peur pour son couple. Quelques consultations lui permirent de sortir de cette rêverie maternelle, pour retrouver le reste du monde et surtout son mari dont elle avait bien besoin, sans oser se l'avouer. La césarienne avait été décidée si vite et avait nécessité une anesthésie totale, qu'elle ne se souvenait de rien et même pas d'avoir mis au monde son bébé. C'est sans doute une des raisons qui l'empêchait aujourd'hui de quitter cette sorte d'enfermement très fusionnel, néfaste pour la famille qu'ils désiraient construire.

L'histoire de cette jeune femme est différente de celle de Julie, évoquée plus haut, puisque c'est grâce à l'insistance de son mari et à la qualité de leur relation de couple, que la femme en elle va se réveiller permettant à la triade père/mère/bébé, de se mettre en place.

On est en droit de penser que pour Julie au contraire, plus que pour Laurent, construire sa parentalité ne pouvait se faire qu'en la dissociant de toute vie sexuelle.

Il semble donc que chez une femme les registres du maternel et du féminin sont en liens plus étroits que ne le sont chez l'homme, ceux du paternel et du masculin. Pour certains chercheurs, le fait que la femme ait porté l'enfant pendant la grossesse lie en elle les registres du féminin et du maternel, plaçant sa sexualité en retrait, parfois en rivalité selon les cas. Pour beaucoup de femmes il est vrai, devenir mère prend toute la place dans un premier temps, jusqu'à paralyser l'expression des autres désirs, dont le désir sexuel.

Le père occupe d'emblée une place différente auprès de l'enfant. Il le sort de la symbiose maternelle et lui apporte l'altérité. Ce double mouvement n'interfère pas habituellement, de façon significative avec sa disponibilité sexuelle.

Même si, comme nous l'avons vu chez Laurent, le fait de voir naître son enfant le bouscule profondément, cette brèche un moment ouverte sur son inconscient, se referme rapidement, et son plaisir d'être père interfère de moins en moins avec le désir qu'il éprouve pour celle avec qui il partage sa vie. Il semblerait juste de dire que si la confirmation de l'identité masculine passe par l'exercice de sa sexualité, la confirmation de l'identité féminine une fois qu'elle est mère, passe par le double registre du féminin et du maternel.

Pour d'autres, la capacité de séduire les confirme dans leur féminité plus que l'acte sexuel lui-même. Ainsi cette patiente de quarante ans, mère à vingt ans, qui consultait tout en ayant depuis toujours une entente sexuelle quasi parfaite avec son mari. Elle se croyait amoureuse d'un collègue parce qu'il lui faisait la cour. Elle le savait impuissant mais, disait-elle, il ne cessait de vanter ses charmes, ce que son mari ne pensait plus à faire !

Il serait néanmoins dommage d'enfermer l'expression de la sexualité féminine et masculine dans des clichés faciles, tant la vie des couples présente une étonnante diversité. Sans prétendre en décrire les multiples facettes, il nous semble juste de relativiser ce qui vient d'être dit, par la description de deux autres exemples.

Véronique et Michel consultent car, depuis la naissance de leurs deux enfants, ils sont tous deux très insatisfaits d'une vie de couple dans laquelle ils ne se retrouvent plus. Michel commence et s'exprime ouvertement, au cours d'une des premières consultations : « Quand je réalise la vie que je mène aujourd'hui je me dis que je n'en veux pas, que ça n'a rien à voir avec la vie que je veux avoir, et que si cela continue je me tire… ! »

Véronique écoute des larmes plein les yeux, et confirme : « Moi non plus je n'ai pas la vie que je souhaite. Sous prétexte que je ne travaille plus, je suis seule à gérer la maison et les enfants ! Quand je me compare à mes amies je trouve qu'elles ont de la chance : leur mari s'occupe des enfants le soir, et rentre assez tôt pour faire une partie des courses, encore cela n'est pas le plus important. Le pire, pour moi c'est ton air fermé et de mauvaise humeur quand tu rentres, alors que je fais ce que je peux pour te faire plaisir. J'ai l'impression de ne plus savoir si j'existe, ni qui je suis pour toi… quand je m'approche de toi le soir pour te caresser, tu me repousses, nous pouvons rester ainsi des semaines sans faire l'amour, je n'en peux plus et si je rencontre un homme qui me fait des avances je te préviens, je tombe dans ses bras ! »

Michel : « Ne dis pas que tu fais ce que tu peux pour me faire plaisir, ça n'est pas vrai. Je rentre le soir crevé, je marche sur les jouets des enfants, c'est le bordel dans la maison, je ne sais pas où me mettre pour avoir un peu d'espace à moi, vous m'envahissez, j'étouffe et il faudrait que je sois d'humeur à faire l'amour ! Et en plus, si je rentre tard, c'est parce que je bosse, moi, pour compenser ce que tu dépenses et que tu es incapable de contrôler. »

À l'évidence, ils s'aiment et souffrent tous deux de la forte crise qu'ils traversent. Le travail de thérapie s'échelonnera sur plusieurs mois, permettant de laisser émerger les différents niveaux de cette souffrance. Nous n'en dégagerons que quelques uns :

Pour Véronique il apparaît que le fait que ses parents soient en train de divorcer aggrave sa solitude actuelle en installant au fond d'elle-même un grand sentiment d'insécurité : « À quoi bon se donner du mal, tôt ou tard un couple se défait, pourquoi en serait-il autrement pour nous ! »

Michel a déjà perdu ses parents et en parle rarement. Sa famille vivait dans une relative aisance : « Chez nous il y avait une bonne pour s'occuper de la maison », mais chacun vivait de son côté. Lorsqu'il rencontre Véronique, il vivait bien un célibat rempli de pôles d'intérêts variés. Entre autres, l'étude des différentes spiritualités l'attirait profondément. Cet espace personnel pour réfléchir lui manque énormément. En l'écoutant rappeler ainsi les points qui lui tiennent à cœur, Véronique réalise que c'est cela qu'elle aime en lui.

Et lui d'ajouter que, s'il râle autant sur certains traits saillants du caractère de Véronique, son côté vivant et fantaisiste lui convient, et le ramène à la réalité.

Comment dès lors comprendre et accepter que ce qui vous attache à l'autre est aussi ce qui, par moment et tout d'un coup, peut vous pourrir la vie ? Cette question ainsi posée soulage énormément ce qu'ils appelaient *leur malentendu.* C'est une énigme qui peut en effet paraître insoluble.

Mais, si l'on considère que le couple actuel vit dans une grande proximité d'espace réel et d'intimité, il va de soi que chacun peut déranger l'autre, d'une manière ou d'une autre. De nombreux couples découvrent au fil des consultations cet inévitable empiétement, parfois insupportable qu'il leur faudra bien apprendre à gérer. C'est une des conditions qu'il s'agit d'accepter, pour qu'un couple dure et trouve l'harmonie.

Pourtant, certains couples profondément attachés l'un à l'autre trouvent un certain équilibre en donnant à leur relation une position d'ancrage dans une vie professionnelle nécessitant de longues absences et de fréquents déplacements. Comme si la frustration de la présence de l'autre maintenait le désir, en empêchant à la routine de s'installer trop vite.

Mario et Johanna se sont rencontrés dans l'exercice de leur métier, qu'ils aiment tous deux, et qui d'une certaine façon conditionne leur vie. Ils voyagent beaucoup et ce monde sans frontière les satisfait pleinement. Ils sont à la fois bien ensemble et capable d'être séparés quand il le faut, travail oblige, ils n'ont pas le choix. Cette réalité, incontestablement difficile pour certains, ne semble nullement remettre en question la stabilité de leur couple. Dans leur milieu professionnel, on les envie plus qu'on ne les plaint. Au premier abord, ils sont très différents : Johanna malgré son allure entreprenante et sportive évoque la maturité, alors que Mario porte toujours sur son visage le reflet insouciant de la jeunesse. Au plan professionnel, Johanna peut être fière de ses diplômes universitaires, alors que Mario a fait ses preuves et gagné ses galons sur le terrain. Il a cependant conscience que depuis dix ans qu'ils sont ensemble, il doit en partie son ascension professionnelle à la culture et à l'expérience de Johanna.

Aujourd'hui, ils consultent parce qu'ils vivent pour la première fois une crise si profonde qu'ils sont inquiets pour l'avenir de leur couple. Il y a deux ans, voyant se profiler la quarantaine, car ils ont à peu de chose près le même âge, Johanna réussit à convaincre Mario qu'il est temps pour eux de devenir parents. En deux ans, ils achètent une vieille ferme dans un coin tranquille et la restaurent, ils se fixent également en région parisienne, en louant un appartement, et Johanna met au monde leur petite fille. Il est évident qu'elle fut plus que lui attelée à la réalisation de ce projet, ne serait-ce que par sa maternité, l'obligeant à un arrêt de ses activités professionnelles. Mario continue ses voyages, en mettant en avant sa carrière, et au cours d'une de ses longues absences eut une liaison avec une très jeune femme, en difficulté professionnelle et qu'il aida beaucoup. Sans doute se sentait-il adulte devant elle, ce qui contribuait à lui donner un peu plus confiance en lui. Lorsque Johanna découvre cette infidélité elle se sent écrasée, puis comprend que, étant absent de longs mois, alors qu'elle restait sur place et construisait leur nid, il ait une aventure. Dans son for intérieur cela la révolte, mais elle s'oblige à conclure : « c'est normal ».

Mais, alors qu'elle pense que tout est terminé, elle découvre quelques mois plus tard, alors qu'elle est enceinte de leur deuxième enfant, une correspondance quasi journalière entre eux. « C'est la deuxième tour du trade world center qui s'écroule et je suis enfouie sous les décombres ! » dit-elle en consultation, et se tournant vers lui elle l'interroge en pleurant : « Comment as-tu pu continuer à me mentir et à faire comme si ! Cette réalité me dépasse et me tue. » Impossible de s'esquiver une fois encore, Mario fait un énorme effort pour mettre des mots sur ce qu'il ressent confusément comme le cœur de ses difficultés. En les écoutant, je me dis en moi-même que face à cette femme courageuse mais exigeante, il préfère « retourner encore une fois au jardin des fées », tant cette paternité lui fait peur.

Cette femme devant lui, qui veut la vérité plus que tout jusqu'à percer ses pensées les plus secrètes, le domine mais, conforté par la présence du thérapeute, il ose s'exprimer sincèrement : « Je n'étais pas prêt à être père, alors que toi tu l'étais à être mère, même si consciemment je t'avais dit : d'accord ! Le premier enfant fut une fille… ouf ! et ce bébé a fait de moi un père possible… elle est craquante notre fille, et je l'adore, mais être père une nouvelle fois, c'est trop me demander. »

Encouragé par moi à aller plus loin, il avoue que l'idée d'être père d'un garçon lui est insoutenable, au point de se dire : « tout, mais pas ça », le souvenir de son propre père, et de leur mésentente est encore trop présent. Une double blessure saigne encore en lui. Non seulement sa naissance a provoqué le divorce de ses parents, mais de ce jour sa mère s'est emparée de lui, et c'est un peu comme s'il avait perdu son père.

Pourtant ils se sont revus plus tard, mais aucun lien véritable n'a pu se tisser entre eux. Par moment, tout se télescope dans sa tête, il voudrait fuir, se demande qui il est et ce qu'il fait là, tout simplement.

Dernier exemple, presque à l'inverse des précédents, celui assez banal et plus fréquent qu'on ne le pense, du couple qui n'existe que *par* et *pour* les enfants.

Didier et Lucie se sont mariés il y a dix ans. Ils ont trois enfants. Bien que travaillant elle-même, Lucie gère tout. Qu'il s'agisse de la vie quotidienne, de l'éducation des enfants, c'est elle qui dit à son mari ce qu'il faut faire. Ils consultent parce que depuis quelques mois Didier est retourné vivre chez ses parents, qui sont à proximité, et veut obtenir de Lucie une séparation. Il lui assure que rien ne changera pour les enfants, qu'ils continueront ensemble à s'en occuper, car sur ce point ils s'entendent bien. Lucie apparemment incapable de se poser les vraies questions, refuse et demande à Didier de regagner le domicile conjugal. La consultation se déroule sans que ni l'un ni l'autre ne manifeste émotions et sentiments, les arguments avancés étant : « Ça se fait, de nos jours de nombreux couples se séparent » ou « Ça ne se fait pas, une famille doit vivre ensemble. » La consultation serait-elle pour Didier une formalité, prouvant qu'ils ont tout essayé ? Y aurait-il derrière son vide émotionnel une difficulté inavouée à exister face à l'autre sexe dans une relation de grande proximité, l'autre sexe étant de fait un pôle d'angoisse dont inconsciemment il ne veut rien savoir ? Résultat : des enfants, oui, mais le couple, non.

C'est vrai que les difficultés normales qui jalonnent les étapes de croissance des enfants se révèlent face au couple parental. Qui n'a pas fait l'expérience, de retour chez soi après quelques jours d'absence, d'entendre le conjoint déclarer : « tout s'est très bien passé, les enfants se sont montrés coopérants, sympathiques, etc. ». En effet, le conjoint est toujours porteur d'une différence *nécessaire et suffisante* pour que se posent les vrais problèmes, c'est-à-dire ceux qui font évoluer enfants et parents. Nous l'avons déjà souligné : la différence reste, même lorsqu'elle est perçue positivement, un ferment de conflit.

Mais cette conflictualité, bien que normale, suscite parfois des tensions difficiles à supporter car elle réactualise en chaque parent l'enfant qu'ils ont été, avec ce que cela comporte de bon et de moins bon, plus ou moins refoulé.

Il n'est pas rare d'entendre une personne venue consulter pour de vives tensions à l'intérieur du couple et avec les enfants, préciser : « Je vous demande de m'aider à résoudre les difficultés que j'ai aujourd'hui, mais je ne suis pas là pour parler du passé ! » Accepter que les réactions actuelles, lorsqu'elles sont excessives et incongrues, soient en partie des redondances du passé, contrarie au point de préférer penser que c'est la réalité d'aujourd'hui qui est en cause. Au milieu des tensions que la présence des enfants fait surgir au sein du couple, lorsque les parents consultent ils sont d'accord sur un point : ils aiment leurs enfants, du moins semblent-ils en être convaincus. En réalité, chacun aime à sa façon et souvent pas comme le voudrait l'autre !

Aimer nos enfants : trop ou trop peu ? [2]

Personne ne contestera qu'un être humain a besoin d'amour pour vivre, autant que d'air pour respirer. Nous

2. Aimer les enfants : le « trop » et le « pas assez », journée d'études de l'EPCI, 2.10.1999.

pouvons continuer la comparaison, car elle est pleine de bon sens. De même que l'air que nous respirons est un élément dont la composition se trouve rarement à l'état pur, l'amour que nous recevons, comme celui que nous donnons, est un mélange dont l'indice de pureté est très variable. Comme tout sentiment humain, l'amour est un mouvement de l'âme qui réunit autour de son *objet* une multiplicité d'affects et de représentations, disponibles en nous au plan conscient et inconscient.

Aimer nos enfants, le « trop » et le « pas assez », expriment les multiples mouvements intérieurs qui circulent lorsque nous pensons à eux, et plus encore, lorsqu'ils grandissent à nos côtés, et que la réalité de leur nature s'impose à nous. Cette réalité, qui parfois nous dérange, nous déroute ou nous émerveille, nous oblige à interroger nos réactions, afin de comprendre la relation qui s'est tissée entre eux et nous.

Essayons de voir la genèse des sentiments complexes qui lient parents et enfants, non pas pour cerner une façon définitivement bonne de les aimer, mais pour comprendre ce qui se passe lorsque les parents sont pris en flagrant délit de les aimer trop ou pas assez. Observer la genèse de ce lien complexe renvoie à son point de départ : l'annonce de la venue de l'enfant.

Dans l'attente de la naissance, nous imaginons mettre au monde un *enfant merveilleux*, écho de notre désir et façonné par lui, sorte de prolongement de nous-mêmes. Nous lui souhaitons de connaître les bonnes choses dont nous jouissons, mais nous espérons que les épreuves auxquelles nous sommes confrontés lui seront épargnées.

À la naissance, la représentation imaginaire de l'enfant tend à s'effacer, jamais totalement cependant, au profit du bébé réel qui a besoin de notre reconnaissance, de nos soins et de notre amour. Cette première étape de la relation parent/enfant, est dominée par la mobilisation totale de la mère qui, grâce à son intuition et à la présence du bébé, va se sentir, surtout pendant les premières semaines, totalement disponible pour lui.

À la différence des animaux, le petit de l'homme naît totalement immature et dans l'incapacité de subvenir à ses besoins. Laissé à lui-même, il meurt. D'où la boutade de Winnicott, pédopsychanalyste anglais, dont la recherche pendant quarante ans fut axée sur les relations de l'enfant à son environnement : « Un enfant tout seul, ça n'existe pas ! » [3] Il précise que ce qui rend absolue la dépendance de l'enfant qui vient de naître, c'est qu'il n'a aucunement conscience des soins dont il est l'objet, donc aucun contrôle sur eux.

La mère vit aussi une forme de dépendance totale, mais elle en a conscience. Elle s'adapte en permanence aux besoins de l'enfant, sachant de façon empathique ce dont il a besoin, au moment où il en a besoin : elle est devenue sensible à ce que sent l'enfant. Cette capacité d'adaptation n'a rien d'un savoir intellectuel, c'est une révélation de ce qui est inscrit dans la nature féminine, produite par la présence de l'enfant.

Selon Winnicott, « La femme a une capacité à se fondre dans les lois de l'espèce humaine que l'homme n'a probablement pas. » Ceci marque de façon incontournable une différence entre les sexes, et place de façon différente le père et la mère dans leur relation à l'enfant.

3. Donald Woods Winnicott, *De la pédiatrie à la psychanalyse.*

« C'est ce que dénient les mouvements féministes », souligne-t-il. Selon lui, le fait que la femme soit la mère fusionnelle des premiers mois de la vie laisse au fond de chacun une certaine peur de la femme-mère, fantasmée toute puissante. Chez l'homme, pense-t-il, une crainte de la dépendance vécue jadis, demeure dans l'inconscient, pouvant susciter un besoin de maîtriser la femme en la dominant. Cette crainte de la domination se retrouverait dans la psychologie des dictateurs.

Ces notions d'ordre général permettent de situer notre sujet, non comme une interrogation devant déboucher sur une réponse, mais comme une réflexion soulignant l'importance pour un enfant d'être aimé par un père et une mère occupant à ses côtés chacun une place spécifique, expression de leur différence.

Fonction maternelle, fonction paternelle

Dès la naissance, la mère se place en état d'adaptation permanente aux besoins du bébé, mais ce mode fusionnel ne doit pas durer.

Comment déceler le moment où la conscience du bébé commence à s'éveiller, lui permettant de se voir séparé et différent de sa mère ?

C'est le moment des premiers sourires : cris et protestations peuvent alors être interprétés comme autant de tentatives naturelles pour commencer à s'extraire de la totale fusion. Pour Winnicott, dès ces premiers signes l'état de dépendance totale doit faire place à une dépendance relative.

> « Le soi qui émerge doit rester inviolé par la mère. Si elle continue à savoir à l'avance ce que le bébé, puis l'enfant en croissance, désire, elle envahit un domaine sacré et devient effectivement pour lui une figure menaçante, une sorcière. » [4]

Cette forme de toute puissance maternelle risque d'angoisser le bébé et de provoquer chez lui des mouvements de rejet. Troubles du sommeil, ou troubles digestifs en sont parfois les premiers symptômes. Un cercle vicieux risque alors de s'installer, la mère inquiète redoublant sa vigilance et son comportement inquisiteur. Il s'installe d'autant plus facilement si la mère est immature ou manque d'un environnement sécurisant.

Ceci souligne l'importance d'un tiers familier entre la mère et l'enfant, capable de la rassurer tout en l'aidant à redécouvrir à côté de son bébé, le reste du monde. Cette place est celle du père ou de l'homme qui, vivant à ses côtés, en assurera la fonction, place d'autant plus aisée à occuper que la mère l'y attend et la lui signifie. Françoise Dolto à qui l'on posait la question, « qu'est-ce qu'une bonne mère ? », répondait : « c'est une mère qui n'est pas que cela ! » [5] Un père qui occupe sa place auprès de l'enfant, une mère pour qui, passées les premières semaines, la vie recommence, vie de couple, vie familiale et sociale aideront naturellement l'enfant à exister par lui-même.

S'ouvre alors pour l'enfant une période de dépendance relative, marquée par la découverte de son environne-

4. Donald Woods Winnicott, *Jeu et Réalité.*
5 Françoise Dolto, *La cause des adolescents.*

ment. Il commence à solliciter, à sa manière, son entourage et diversifie ses réponses. S'il crie par moments, il se plaît aussi à gazouiller et devient capable de s'endormir seul, gérant les tensions qui l'habitent grâce à la découverte de son pouce ou d'un *doudou*. Ces moments de solitudes, alternant avec des moments où l'on s'occupe de lui, sont importants, l'obligeant à développer ses propres capacités de mémorisation et de mentalisation, sans lesquelles il ne peut structurer ni son moi ni sa pensée.

Le trop

Le *trop*, serait d'aller en permanence au devant des désirs du bébé, comme au lendemain de sa naissance. On entend parfois certains couples, ou certaines mères, programmer la venue d'un enfant lorsqu'il seront en mesure de lui donner *tout* ce dont il aura besoin, « nous voulons qu'il ne manque de rien », comme si sa venue allait stopper l'émergence de tout autre désir au sein de leur vie de couple. Certaines mères semblent également incapables d'envisager de confier si besoin leur bébé, et plus tard leur enfant, à une personne de confiance extérieure à la famille. « Quand j'aurai un enfant, je ne laisserai personne d'autre que moi s'en occuper. » Cette absence de confiance peut correspondre à un besoin de projeter à l'extérieur de soi l'image de « mauvaise mère » pour s'en débarrasser.

Il ne faut pas confondre aimer son enfant et être dans une inquiétude permanente dès que l'on s'éloigne de lui. Une mère trop inquiète n'est pas pour autant une mère aimante. S'imaginer constamment que son enfant est en danger, c'est être envahie d'un fantasme de disparition, de destruction à son égard. Ces mères anxieuses n'ont peut-être pas vécu une relation de sécurité affective avec leur propre mère, sachant à la fois faire confiance et protéger quand il faut. L'enfant sera marqué de sécurité ou d'insécurité selon les résonances émotionnelles qu'il reçoit de sa mère, et il n'en a nullement conscience.

Le bébé s'identifie partiellement à ceux qui s'occupent de lui, et inévitablement l'enfant élevé par des parents très anxieux aura plus de chance qu'un autre de l'être plus tard. Soulignons que richesse ou pauvreté, réussite sociale ou vie besogneuse, n'ont pas grand chose à voir avec le climat d'excessive tension qui règne dans certaines familles. Nous allons illustrer ce qui vient d'être dit par un exemple.

Évelyne consulte sur le conseil du médecin qui la soigne pour divers symptômes qui, selon lui, pourraient avoir un lien avec un passé familial qu'elle a du mal à dépasser, malgré la conscience qu'elle en a.

D'abord un peu réticente, elle en vient au fil des entretiens à parler d'elle et des difficultés qu'elle rencontre avec son petit garçon. Elle sait ce que doit être une bonne mère, mais elle n'y arrive pas. Son enfant est capricieux, refuse tout le temps d'obéir, parfois même il la rejette. Alors elle se fâche, crie, il pleure et, dans ces moments là, elle sent qu'elle perd la maîtrise de ses gestes et de ses paroles et cela lui fait très peur : elle a honte. Pourtant, il représente ce qu'elle a de plus cher au monde, et il est son principal souci. Par exemple, le soir elle ne peut s'endormir sans aller vérifier plusieurs fois si tout va bien dans sa chambre et s'il dort normalement. Elle n'ose le confier à personne tant elle est inquiète pour lui en permanence. Elle travaille, et ne le confie qu'à sa propre mère. Son mari se montre très compréhensif, et malgré cela elle est de plus en plus anxieuse. Elle réalise, à mesure qu'elle évoque ses angoisses, à quel point elle doit être souvent insupportable avec son besoin permanent de tout vérifier. Elle est fille unique d'une mère très anxieuse, dépressive, qui à la fois la surprotégeait et certains jours ne s'occupait pas d'elle. Elle avait tous les jouets dont une enfant de son âge pouvait rêver, avant même qu'elle ne le demande, mais ses parents travaillant beaucoup, elle était seule le soir après l'école. N'ayant pas la permission d'inviter des enfants de son âge, elle avait pris l'habitude de jouer seule.

Elle désirerait un autre enfant pour épargner à son fils une vie d'enfant unique, mais malgré ses vœux, partagés par son mari, il n'y a pas de grossesse en vue. De consultation en consultation, elle réalise que pour le moment elle est stérile. J'apprends alors que sa première grossesse ne s'était pas bien passée. À la suite d'une échographie montrant une zone opaque, impossible à identifier pour le médecin, elle vécut un véritable cauchemar jusqu'à l'accouchement, qui également fut très difficile. Elle garda pour elle toute cette anxiété, son mari ne partageant nullement son interprétation au sujet de l'échographie.

Cette jeune femme sympathique qui a, semble-t-il, dans sa vie professionnelle et sociale un comportement tout à fait normal, développe depuis qu'elle est mère une énorme anxiété, en écho semble-t-il avec l'image maternelle intériorisée dans sa propre enfance. Cette *imago* maternelle est parfois passablement différente de la réalité objective, mais c'est ce que l'enfant porte en lui. Ainsi Evelyne découvre aujourd'hui, parce que sa mère le lui dit, qu'il lui arrivait de lui lire des histoires. Mais de cela elle n'a aucun souvenir, et ce qui domine sa mémoire d'adulte c'est : « à la maison, mes parents ne s'occupaient pas de moi, j'étais toujours toute seule ». Mystérieuse dynamique inconsciente de la mémoire, qui retient certains faits et en refoule d'autres. D'où la discordance plus ou moins grande entre un fait réel et le souvenir que nous en avons.

Le trop peu

Il est relativement rare aujourd'hui de rencontrer des parents qui négligent leurs enfants au plan matériel et affectif, et en ont conscience, c'est donc un *pas assez* plus subtil qu'il faut évoquer. Ce *pas assez* viendrait non pas d'un manque de soins conscient et évident, mais d'un tourment qui s'est installé insidieusement à la frontière des champs conscient et inconscient, à la suite de traumatismes dont on a mal évalué les résonances profondes.

En simplifiant, on peut dire que dans la relation parent/enfant, le plus souvent mère/enfant, l'un des deux n'est pas là, à part entière, c'est-à-dire corps et âme.

Une mère peut être là physiquement, nourrir son bébé comme on lui a dit de le faire mais être absente, affectivement parlant, pendant qu'elle s'occupe de lui. Il y a quelques années, un film réalisé par le professeur Lebovici et Michel Soulé sur l'observation de la relation mère/bébé montrait une jeune femme donnant le biberon à son bébé, sans le regarder, car elle était occupée à lire un magazine par dessus son épaule. Une fois en passant ce n'est pas grave, mais si lors du biberon suivant, c'est le feuilleton télévisé qui mobilise son attention, puis les informations et ensuite un long coup de téléphone avec une copine, pour le bébé c'est une relation qui s'inscrira dans le registre du *pas assez.* Pourtant, cette maman dira que pour élever son enfant, elle a demandé un congé de maternité. Les sages-femmes qui font des visites à domicile rencontrent de tels cas, et profitent de soins à donner pour faire un peu d'éducation.

C'est parfois plus compliqué, une mère pouvant par exemple être absorbée au fond d'elle-même par un souci qui la dépasse : la maladie grave d'un membre de sa famille, ou le deuil d'un être cher, voire d'un bébé précédant celui-ci. C'est plus fréquent qu'on ne le pense, et dans ce cas l'amour et la sollicitude maternelle encore trop attachés au disparu ne sont pas disponibles pour l'enfant réel, qui lui souffrira d'un manque.

En écoutant Évelyne évoquer le traumatisme qu'elle vécut lors de l'échographie du quatrième mois, on est frappé de la discordance entre les paroles du médecin et son interprétation dramatique. Il semble que, du fond de son désarroi, elle imagina que son enfant serait anormal, ou ne vivrait pas.

Quoi qu'il en soit, tout laisse à penser que l'enfant du désir, imaginaire et merveilleux, disparut ce jour là de sa représentation, faisant place à l'enfant *en danger*, qu'encore aujourd'hui, elle ne peut quitter sans être assaillie d'angoisse et de culpabilité. L'enfant réel, en bonne santé reçoit à la fois et en permanence *le trop* de protection anxieuse destiné au fœtus de l'échographie, et le *pas assez* de reconnaissance émerveillée dont il a besoin, l'*enfant merveilleux disparu* ayant emporté avec lui ce piédestal forgé au début par l'amour maternel qui lui était destiné. Évelyne l'exprime à sa façon lorsqu'elle dit avec regret : « À cause de l'échographie, l'attente anxieuse de l'accouchement a remplacé l'émerveillement que j'aurais aimé vivre durant toute ma grossesse. » On voit ici de façon caricaturale les éléments conscients et inconscients qui peuvent interférer dans une relation mère-enfant.

Autre paramètre important, celui des identifications multiples à partir desquelles les enfants structurent leur personnalité. Nous en avons tous l'expérience, c'est autour du berceau que cela commence.

À tour de rôle, chacun après s'être penché sur le berceau donne son avis. À qui ressemble-t-il ? Imitation, identification et transmission constituent une réserve dans laquelle nos enfants puiseront pour organiser leur identité. Ceci dit, pour un parent, le fait de se sentir très proche d'un enfant n'est pas toujours une facilité pour se situer dans la relation qui s'établira spontanément avec eux.

Ce n'est pas parce que, enfant, nous réagissions comme eux, que nous les comprendrons forcément mieux. Si parfois ce constat nous flatte et nous fait plaisir, d'autres fois cela nous inquiète, voire nous angoisse, et par là gêne l'objectivité de notre jugement, jusqu'à l'aveugler, dans ce domaine précis du moins.

« Un métier impossible »

Lorsque l'on parlait à Freud du rôle de parent, il répondait : « *C'est un métier impossible !* ». Du reste il n'a pas laissé beaucoup d'écrits sur ce thème.

Le message de Winnicott ou de Dolto est centré sur les notions de « respect » et de « personne ». Ils donnent à la relation parent/enfant une dimension d'altérité qui ouvre à la réflexion un champ immense à explorer de façon personnelle.

Ce message plein de bon sens a souvent été mal compris. On a confondu respecter la personnalité des enfant avec ne rien leur interdire, et développer leurs compétences et leur créativité avec leur laisser faire n'importe quoi. Autre contre-sens encore plus flagrant, sous le prétexte de les laisser apprendre par eux-mêmes, certains parents renoncent à leur rôle, par exemple à émettre un avis différent et n'osent rien dire de peur d'être rejetés ou d'entrer en conflit avec eux. Se rangeant trop facilement à l'avis de leur enfant, ils inversent les rôles. On est passé de l'enfant libre à l'enfant tout puissant et, si peur il y a, elle est passée du côté des parents. Aujourd'hui, mesurant les effets catastrophiques de ces glissements de sens, certains pédagogues rappellent avec force quelques évidences.

Ainsi le pédopsychiatre P. Delaroche a intitulé un de ses livres *Parents osez dire non !* Selon lui, un « non » bien posé met d'abord l'enfant à l'abri des dangers extérieurs, mais surtout l'habitue à savoir dire non à ses pulsions. Freud lui-même soulignait que grandir signifiait passer du principe de plaisir au principe de réalité, ou de la réalisation immédiate d'un plaisir à sa réalisation différée. La capacité à accepter une frustration est une preuve de maturité.

La révélation progressive du principe de réalité passe par les repères universels que sont les interdits. L'interdit est donc une nécessité qui protège l'enfant et les parents des dérives pulsionnelles, entre autres, dont l'amour parental peut être le vecteur. Freud distinguait dans l'amour un courant sensuel et un courant tendre, difficilement dissociables.

L'interdit de l'inceste organise le lien parent-enfant et le protège d'une séduction dont l'excès ouvrirait la voie aux dérives incestuelles et pédophiles. Ce type de séduction est dévastateur pour la personnalité en devenir de l'enfant, mettant en danger son équilibre psychique et intellectuel. Là encore des glissements peuvent se produire plus insidieusement qu'on ne le pense. Ainsi lorsque l'on élève seul(e) son enfant, on peut vivre par moment une solitude affective douloureuse et, sans s'en rendre compte, *aimer trop* son ou ses enfants. Je pense à une jeune femme en instance de divorce, et mère de deux enfants. Elle consultait car ses enfants, en difficultés scolaires entre autres, lui donnaient d'énormes soucis. En réalité, elle ne savait pas comment être avec eux. À part être sur leur dos pour les obliger à faire leur travail, elle ne leur parlait pas car elle avouait « ne pas savoir quoi leur dire et de quoi leur parler ». Comme le plus grand, âgé d'une douzaine d'années était rejetant à son égard, elle avait inventé de s'allonger le soir à ses côtés, dans son lit, pour essayer de parler avec lui sur un mode plus détendu !

Soulignons à la suite des difficultés que cette jeune femme rencontre avec ses enfants, le vide paternel qui semble à la source des difficultés des enfants, et de celles que leur mère éprouve avec eux. Dans cette famille, chacun souffre de son côté, et ne sachant pas le dire avec des mots, l'exprime à travers un comportement inadapté, ce qui génère d'énormes tensions.

Le père semble encore attaché à sa femme, souffre de l'absence de dialogue, d'affection et de relations sexuelles. Incapable d'en avoir clairement conscience et d'en parler, il est violent en paroles, parfois en actes, vis-à-vis des enfants et depuis peu de sa femme, surtout quand il a bu un ou deux apéritifs ce qui est nouveau mais de plus en plus fréquent.

Les enfants : l'aîné, est en échec scolaire, instable, et ne fréquente, d'après sa mère, que les voyous de la classe, faisant avec eux les pires bêtises ; le second est replié sur lui-même, parle peu et commence lui aussi à avoir des difficultés scolaires.

La mère, on l'a vu, consulte pour savoir ce qu'elle doit *faire* avec ses enfants. Elle exprime peu ses émotions, se reproche de n'avoir rien vu venir car, dit-elle, : « depuis la naissance des enfants j'étais le nez dans le guidon entre la maison, mon travail et les enfants. Je sentais bien que mon mari changeait vis-à-vis de moi, mais fatiguée le soir je préférais m'endormir, ne sachant pas comment aborder le sujet. »

Il arrive qu'un homme devienne père sans être prêt à assumer sa paternité. Cela ne pourra qu'accentuer les difficultés qui l'attendent, lorsqu'il s'agira pour lui, de trouver sa place entre l'enfant (ou les enfants) et la mère. Nous l'avons déjà dit : c'est en s'appuyant sur la relation qu'il a eu enfant avec son propre père qu'il forgera peu à peu son lien paternel. Lorsque par malheur, ce lien fut rompu trop tôt, à la suite d'accident, d'exil, de guerre ou de séparation, la tâche sera plus difficile. Si les premiers temps après la naissance, le père soutient la relation mère/enfant, cela favorisera la continuité de la vie du couple.

La vie sexuelle du couple régule les relations parents-enfants, garantit la place de chacun et évite les dérives. Nous évoquions précédemment cette jeune femme qui, pour faciliter les relations avec son fils de douze ans, allait le soir dans son lit, pour mieux parler avec lui. On est en droit de penser que si le couple avait pu dépasser ses crises et retrouver une vie sexuelle lui convenant, cela ne serait pas arrivé. D'autre part, si un père glisse vers la boisson, ce peut être pour échapper à une image dévalorisée de lui en tant qu'homme, ce qui est souvent le cas lorsque la vie sexuelle s'arrête dans un couple. Rares sont les femmes qui le comprennent, à l'heure où le combat féministe confond parfois harcèlement sexuel et expression du désir amoureux. De nos jours, lorsqu'un couple ne résout pas ses crises, l'homme ou la femme se donnent le droit de commencer avec quelqu'un d'autre une relation amoureuse qui, à plus ou moins longue échéance, constituera un nouveau couple. C'est une façon de résoudre le problème de la place de la vie sexuelle en couple comme régulateur des relations aux enfants. D'autres problèmes pourront néanmoins surgir autour des relations beau-père, belle-mère, enfants du premier et du deuxième lit. C'est un sujet important, mais difficile à traiter en quelques pages, étant donné la diversité des cas, et la densité des émotions qui entrent en jeu. Anne Thévenot[6], mène une étude sur ce thème. Il semblerait qu'il y ait davantage de rivalité entre la mère et la nouvelle compagne du père du fait qu'elles ont a éduquer les mêmes enfants, qu'entre le

6. Anne Thévenot : « Le parental et le conjugal dans les recompositions familiales », revue *Dialogue*.

père et le nouveau partenaire de la mère qui eux laissent volontiers aux femmes le soin d'éduquer au quotidien leurs enfants.

Il y a de plus en plus de demandes de consultation émanant de jeunes belle-mères qui ont de réelles difficultés avec leurs beaux enfants à l'approche de l'adolescence. D'une certaine façon, les conflits de leur propre adolescence ne sont pas loin et s'en trouvent réactivés. Cela dérange, compromet parfois leur vie de couple, et amène le retour de tensions qu'elles n'arrivent pas à gérer : « Quand je me suis mariée, j'ai pensé que les problèmes seraient derrière moi et voilà que ça recommence. Je n'ai plus confiance en moi, je suis agressive avec tout le monde et on ne me comprend pas. »

Un autre effet sur l'enfant de la rupture des relations affectives et sexuelles entre ses parents est l'inscription au fond de lui d'une représentation précaire de l'amour dans le couple.

Nous avons évoqué la place de cette représentation dans l'aggravation d'une crise de couple. *A contrario* d'autres couples, bien que vivant une relation très conflictuelle entre eux, reprennent espoir et courage au cours de la thérapie en évoquant le souvenir positif du couple parental : « Mes parents n'ont pas eu une vie facile, mais ils s'aimaient. Je n'en ai jamais douté. Je me dis : si c'était possible pour eux, ce doit l'être pour nous. »

En grandissant, parents et enfants doivent accéder à un relatif détachement. Éprouver le besoin de se téléphoner chaque jour, entre parents et enfants lorsque l'on a 25 ou 30 ans, (surtout entre mère et fille) semble davantage refléter l'immaturité de la relation qu'un amour exemplaire.

L'absence de limites, l'effacement des interdits, en cherchant à éviter des relations conflictuelles, sont très angoissants à l'adolescence dans la mesure où ils ne permettent pas aux adolescents de s'opposer, ce qui augmente leur dette, donc leur culpabilité. Qu'on le veuille ou non, tout enfant se sent en dette vis-à-vis de ses parents, sans en être vraiment conscient. Lorsque le besoin de distance et d'autonomie des enfants grandissant ou devenus adultes est ressenti par les parents comme de l'ingratitude, l'immaturité est du côté des parents qui confondent encore aimer et respecter. Ce genre d'attitude, en augmentant la culpabilité, gène l'accès à l'autonomie, et la mise en place de relations familiales satisfaisantes.

Winnicott pensait que son rôle auprès des parents qui venaient le consulter, était d'abord de les conforter en tant que parents. Il les aidait dans un premier temps à prendre conscience de leurs compétences de parent, afin de retrouver ou de trouver un minimum de confiance en eux, en tant que parents. Ensuite, il les aidait à mieux percevoir les besoins de leurs enfants, leurs souffrances, quels pouvaient être les changements bénéfiques à introduire dans leur relation, et enfin les erreurs à éviter.

C'est dans cet esprit que Winnicott a inventé la notion de *mère suffisamment bonne (good enough mother*), et Bettelheim celle de *parents acceptables*, titre de l'un de ses derniers ouvrages [7].

Certains exemples nous ont montré le mécanisme de répétition inévitablement à l'œuvre entre parents et enfants, de génération en génération. Toutefois, qu'il

7. Bruno Bettelheim, *Pour être des parents acceptables.*

s'agisse de la relation parents-enfants, de la relation de couple, ou d'autres relations fortement investies, une relation est aussi une création continue, dynamique et vivante. Pour s'installer dans la durée et garder sa dimension créative, toute relation passe par des épreuves de réalité, que sont les crises et les conflits. Moments pénibles certes, mais indispensables à la connaissance de soi et à la découverte des autres.

CHAPITRE IV

Crises et conflits

Les conflits dans le couple liés aux difficultés de l'enfant

Ces enfants qui vous compliquent la vie !

Au siècle dernier, surtout avant l'apparition de la contraception moderne, le monde adulte, attendri devant un jeune couple amoureux, formulait facilement ce vœu sous forme de conseil : « Profitez-en bien maintenant, car le jour où vous aurez des enfants, arriveront aussi les soucis de la vie, vous regretterez le bon temps où vous n'aviez que vous à penser ! »

Il est exact que, au début de la vie à deux, on est volontiers conciliant. Par amour pour l'autre et pour vivre en harmonie avec lui, « on évite les sujets qui fâchent », et l'on se rallie sans peine au choix de l'autre. Dans le meilleur des cas, à tour de rôle, chacun fait les concessions indispensables au maintien d'un climat d'entente, de confiance et de désir. Les différences existent mais sont minimisées ou idéalisées, et les goûts communs mis en relief. Ce qui est ressenti comme des défauts existe, mais on pense que l'amour et son pouvoir magique changeront tout cela. Avec un peu de bonne volonté, mais aussi un peu de déni, on apprend à vivre ensemble et on regarde l'avenir avec confiance.

C'est ce que vivent Adeline et Michel depuis qu'ils sont mariés. Adeline adore danser, est infatigable pour faire les magasins et voir des amis. Michel n'aime ni danser ni faire les courses. Heureusement, ils aiment tous deux le cinéma, les voyages et les musées. Certes, à l'occasion d'une soirée ou d'un réveillon, Michel se dit fatigué et désireux de ne pas trop prolonger la soirée, alors qu'Adeline, ravie de danser et de retrouver ses amis, ne voit pas le temps passer. Le lendemain Michel fait la tête, ils s'expliquent un bon coup et Michel, très fier d'un certain côté de partager sa vie avec son élégante jeune femme et toujours très amoureux, est le premier à la prendre dans ses bras et à faire la paix. Ils deviennent parents de trois enfants, Michel travaille de plus en plus et Adeline pour le moment reste chez elle, et s'occupe de tout. Entre ses amies, avec qui elle prend de bons moments, ses parents, des lectures multiples et quelques sorties avec Michel, la vie continue.

Peu de temps après la naissance du troisième, l'aîné pose de sérieux problèmes. Ses professeurs se plaignent de son manque de travail, de son étourderie, et de son peu de participation en classe. S'il est indiscipliné à l'extérieur, chez lui il est passif tout en craignant beaucoup l'autorité de son père quand il est là. Un jour où, pour la énième fois, il a un bulletin très insuffisant, son père rentre plus tôt qu'à l'ordinaire et le trouve devant la télévision, un paquet de bonbons dans les mains. Il n'a pas fait son travail, et Adeline, partie faire des courses, n'est pas rentrée. Michel, visiblement très contrarié, ne dit rien sur le moment, mais dès qu'Adeline arrive, il sort de ses gonds et vide sa colère sur elle, la rendant responsable de tout.

Si Michel a fait de longues études, il le doit, pense-t-il, à l'autorité incontournable de son père. Adeline par contre a reçu une éducation plus souple et, même si elle n'a pas les diplômes de Michel, le jour où elle fut obligée de travailler, elle s'en est très bien sortie. Michel n'imagine pas qu'il y ait une autre éducation valable en dehors de celle qu'il a reçue, ni une autre façon d'organiser la vie domestique que celle de sa mère. Finalement, tout en menant honnêtement sa carrière, il a un caractère rigide et supporte mal que l'on soit d'un autre avis que le sien. Si, jeune marié, les fantaisies d'Adeline l'amusaient et le séduisaient, aujourd'hui il ne les supporte plus. Bien sûr, il est inquiet pour leur fils, et même très angoissé, mais que faire ? Depuis que cet enfant pose des problèmes, Michel est incapable de lui parler d'autres choses que de ses difficultés scolaires, ni autrement que pour le menacer de punition comme faisait son père avec ses enfants au même âge. Lorsque Adeline, inquiète elle aussi, tente d'en parler avec son mari pour lui demander son aide il le prend mal, et a vite fait de conclure que, n'ayant pas le temps, c'est à elle de surveiller le travail scolaire, à elle d'être intransigeante lorsque les leçons sont mal apprises et enfin à elle d'être là quand les enfants rentrent de l'école au lieu de passer ses après-midi à faire des courses et à voir ses amies.

Pendant des mois, Adeline prend acte des reproches de Michel et fait ce qu'elle peut pour en tenir compte, mais cela ne change rien. Dès que quelque chose pose problème, l'atmosphère de la maison est tendue, le dialogue difficile, Michel devient agressif, et dans ces moments là, tout est matière à reproches. Sur les conseils d'une amie, Adeline commence une thérapie, ce qui au début n'arrange rien car Michel « ne comprend pas ce que sa femme va faire là bas ». Sans doute, cela représente au début une inquiétude supplémentaire pour lui, mais peu à peu il s'y fait d'autant mieux qu'il la sent très déterminée.

Le temps passe, Adeline est plus sûre d'elle, fait preuve d'une autorité qu'il ne lui connaissait pas et, s'il est question des enfants, ose calmement émettre un avis différent du sien lorsqu'elle pense que c'est justifié. Si la thérapie est terminée pour elle, un lent, très lent réaménagement des relations à l'intérieur du couple et de la famille est en route.

Entre Michel et Adeline, les conflits surgissent pratiquement toujours à partir de problèmes concernant un des enfants. D'une certaine façon, c'est face aux enfants que se manifeste l'éventail des différences qui structurent leur couple et organisent la vie familiale. Lorsqu'il arrive à Michel et Adeline de passer quelques jours seuls, sans les enfants, la différence entre eux redevient vite source de séduction, mais lorsqu'il est question des enfants, ils s'opposent et facilement se situent en rivalité l'un par rapport à l'autre, ce que Michel ne supporte pas. D'une certaine façon, assouplir sa position, écouter avec intérêt une autre façon que la sienne de comprendre les problèmes de ses enfants, serait pour lui remettre en question l'éducation qu'il a reçue et surtout le couple de ses parents qui ne s'entendaient pas. Il en est incapable, ayant décidé une fois pour toute de n'en rien savoir.

Dans d'autres couples au contraire, lorsqu'il s'agit des enfants, le couple à l'unisson fait facilement face. Par contre au plan affectif et sexuel, ils sont en grande difficulté, la différence des sexes qui pourtant les a un jour attirés l'un vers l'autre, devient de plus en plus aujourd'hui source d'une angoisse indicible qui se manifeste par divers symptômes.

Il arrive aussi que la mésentente se situe sur les deux pôles à la fois, ce qui fragilise énormément le couple, et instaure un climat familial pénible pour tout le monde.

Franck et Sabine se sont mariés dès que la situation de Franck le permettait. Sabine est très attirée par ce bel adolescent à qui l'uniforme allait bien, et Franck, à peine sorti du tourment des études, pense qu'aux côtés de cette fille dynamique et sûre d'elle, affronter la vie lui serait possible. Ils ont rapidement un premier enfant mais, l'accouchement ayant été difficile, Sabine est longue à retrouver son dynamisme habituel. Au cours de la deuxième année, des doutes s'installent sur l'éventualité d'un retard moteur de l'enfant mais, lorsque après de multiples examens, le verdict tombe confirmant le diagnostic, le couple s'en trouve profondément déstabilisé.

Franck se sentant totalement dépassé par une réalité qu'il refuse de tout son être, se tourne de plus en plus vers son travail et s'éloigne de Sabine. Les relations sexuelles qui déjà sont source de dysharmonie entre eux, deviennent de plus en plus rares. Sabine se consacre totalement à leur enfant, car elle comprend qu'une relation faite d'amour et de stimulation continue est le seul remède à son handicap.

Si, au début de leur vie conjugale, et malgré leur difficulté sexuelle, Franck trouve en Sabine les encouragements et la réassurance dont il a besoin pour mûrir et devenir adulte, le jour où elle se consacre totalement à la rééducation de leur enfant, il se sent abandonné (comme à sept ans lorsque ses parents, devant faire face à de graves problèmes de santé, le mettent en internat). La vie pour lui devient : son métier et des amis. Si, aux yeux du monde, pour les amis et la famille, ils sont un couple comme les autres, un fossé se creuse au sein de leur relation, malgré la naissance d'un autre enfant tout à fait normal. De temps en temps, Sabine lui reproche de ne pas être un père, de ne pas être, au moins quand il est là, plus proche de ses enfants, soucieux de les aider à grandir le mieux possible. D'une certaine façon, elle lui reproche de ne pas porter, comme elle le fait elle-même, le souci des enfants.

Certes très pris par ses obligations professionnelles, Franck ne trouve pas sa place auprès de ses enfants, place complémentaire et différente de celle de Sabine, mais le peut-il ? Son image masculine se trouvant remise en question par leurs difficultés sexuelles, sur quelles représentations sexuées de lui peut-il appuyer sa fonction paternelle, s'il n'est pas celui qui séduit sa femme et suscite son désir ? Il est probable que, dans son immaturité il fut profondément blessé par l'annonce du handicap de leur fille. Perdu, il s'est abrité derrière la force apparente de Sabine, au lieu de voir derrière le courage de sa femme son besoin d'être soutenue et aimée pour faire face ensemble à l'éprouvante situation.

On voit dans cet exemple en quoi les difficultés des enfants réveillent les failles d'un parent qui réagira alors en fonction de son degré d'immaturité. Aujourd'hui leurs enfants sont mariés, parents eux-mêmes et finalement l'aînée s'en est bien sortie, et de cette victoire Sabine peut être fière, car elle en est l'artisan principal.

S'ils consultent sur le conseil d'amis proches, conscients eux d'une souffrance de couple tenue secrète, c'est que, devant prendre sa retraite dans quelques mois, Franck doit choisir. Depuis des années il mène une double vie, que ses voyages professionnels rendaient possible. Sabine à demi consciente de cette situation, préférait n'en rien savoir. Par contre, dans la consultation et face à la réalité enfin mise à nue, elle s'effondre. En larmes, elle affirme à son mari qu'elle l'a toujours aimé et le supplie de revenir. Lui est visiblement déchiré par un conflit moral profond, mais écrasé de culpabilité, il ne voit plus clair en lui. Pour le moment, il se sent incapable de se décider à quitter une liaison qui lui a permis de retrouver confiance en lui en tant qu'homme. Reprendre avec sa femme la vie conjugale « normale » qu'ils n'ont jamais eue, lui semble impossible, même pour garder la face devant la famille.

Après plusieurs mois d'entretiens éprouvants, « en sortant de chez vous, nous sommes brisés », mais indispensables pour dire à cœur ouvert, ce qu'ils ont tu pendant si longtemps, ils se découvrent dans leur complexité. Franck, voyant pleurer Sabine, découvre en elle une autre femme, fragile dans son immense quête d'affection malgré son grand courage et son sang froid. Sabine découvre en Franck un père tendre et affectueux que la rigidité des rôles qu'ils se sont attribués trop vite a réprimé. Elle comprend qu'ils auraient pu être parents « autrement », ce qui eut été précieux pour contribuer à l'éveil de leur fille. Mais, ils vivaient séparément l'un de l'autre depuis trop lontemps pour que leur vie sexuelle et affective, qu'ils avaient laissé s'éteindre, puisse renaître. Certains couples font le choix de rester ensemble sans oser aborder entre eux ce qui fait problème au point de paralyser leur vie sentimentale. Dans ces cas là, même si socialement le couple continue d'exister, la relation se vide et le désir devenu disponible est prêt à investir une relation extérieure. Cependant, la thérapie leur ouvre une porte. Elle ne leur permet pas de se retrouver, mais de se séparer sans haine. Ils peuvent enfin devenir des parents acceptables et être des grands-parents solidaires, chaleureux et complémentaires.

On s'aperçoit, à l'écoute de nombreux couples, que de nos jours où la différence des sexes n'est plus balisée par des rôles précis reconnus par tous, un glissement se fait facilement vers des modèles uniformes relativement asexués et générateurs d'angoisse.

Paradoxalement lorsque les manifestations de ces différences s'expriment au sein du couple, elles sont interprétées trop vite comme signes d'incompatibilité, et deviennent sources d'insolubles conflits au lieu d'être structurantes pour l'équilibre du couple et de la famille. Si la similitude et la transparence à l'autre au début d'une relation rassurent, cela finit par être mortifère et source d'angoisse. En supprimant les différences, on supprime aussi le jardin secret de chacun, ce qui diminue le pouvoir de séduction.

Lorsqu'au sein d'une famille il n'y a pas de place pour le jeu de l'altérité, le risque est de voir s'installer un climat de confusion des identités personnelles de chacun. Dans ce climat de trop grande proximité, la violence peut devenir le moyen de sortir du magma familial afin de trouver un semblant d'identité. Un collègue apporta un jour au milieu d'un débat sur les violences familiales le cas d'une famille où personne n'avait son lit, de ce fait chacun se couchait dans le lit qu'il trouvait libre au moment venu.

Avant d'aborder, dans une deuxième partie de ce chapitre, les retentissements des conflits du couple sur l'enfant, une réflexion plus approfondie sur la fonction de l'altérité dans le développement psycho-affectif de l'enfant s'impose. Cette réflexion nous aidera à mieux cerner la dynamique de la conflictualité dans la relation entre les parents, et ce qui, par moment, la rend insupportable aux enfants.

L'altérité dans le développement psycho-affectif de l'enfant

Ce développement se fait essentiellement à travers une relation à la mère et au père, donc dans le mouvement, et dans la différence des sexes. On parlera de différences entre un garçon et une fille, entre un père et une mère, entre un enfant et ses parents, le sexe comme l'écart des générations fonde en effet deux différences irréductibles.

Dans ce sens, un père et son fils, une mère et sa fille, s'ils ne sont pas différents par essence quant à leur sexe, auront néanmoins à établir entre eux une relation d'altérité, justement parce que l'enfant procède, naturellement et par étapes, pour se construire à une succession d'identifications inconscientes à ses parents. Si cela semble aller de soi, dans la réalité cette dynamique de croissance est infiniment complexe.

L'acte même de la naissance montre que la vie pour s'épanouir passe par un changement d'état. Qu'il s'agisse de la mère qui pousse pour mettre au monde son bébé, ou du fœtus qui pousse pour sortir de sa mère, pour vivre ils doivent se séparer. Cette séparation est indispensable à la vie et un terme trop dépassé est une menace de mort *in utero*.

La naissance est le passage d'une unité symbiotique mère-fœtus, à une relation duelle mère-nourrisson. Ce qui se fait spontanément pour garantir la vie biologique va devoir se faire consciemment par étapes successives, au plan psycho-affectif, pour que l'enfant devienne une personne à part entière. La douleur physique qui accompagne l'accouchement (l'anesthésie péridurale estompe la douleur due au passage mais ne supprime pas les douleurs annonciatrices de l'accouchement, ni les douleurs qui suivent la mise au monde) est la preuve que pour se séparer, pour changer, devenir autre, il y a une part de souffrance à assumer. Dès la naissance, deux forces opposées s'affrontent : retrouver l'unité symbiotique de la grossesse qui excluait le manque et devoir y renoncer pour que s'établisse une relation d'altérité, ce qui signifie accepter la séparation et affronter le manque. Cette première forme de conflictualité : régresser ou grandir, restera sous-jacente aux différentes crises de l'enfance.

D'un côté, ne pas quitter la sécurité que donne la proximité des bras maternels, de l'autre affronter la peur et l'angoisse du changement mais découvrir d'autres bonheurs, dont celui de grandir. De toute façon, la croissance biologique pousse l'enfant vers l'autonomie, mais il n'y a pas que cela. Très tôt, avant six mois, l'enfant découvre qu'il n'est pas l'unique objet du désir maternel.

Certes sa mère l'aime et s'occupe de lui, mais il n'est pas son unique intérêt ni son seul amour. À certains moments, elle ne répond pas à ses sollicitations, car elle n'est pas que sa mère à lui et se doit aussi à son conjoint, à sa vie sociale, éventuellement à ses frères ou sœurs. De cette façon, l'enfant entre en relation naturellement avec les autres membres de la famille. Passer du sein au biberon donné par une autre personne que la mère est une étape importante pour le bébé. Son père lui apparaît alors comme différent de sa mère, et cette relation d'amour nouvelle le familiarise progressivement à la double réalité nécessaire à la mise en place de son identité : la différence des sexes et la différence des générations.

Il va lui falloir du temps pour se situer dans cette relation triangulaire, et accepter la place de « petit » qui est la sienne. Assailli par de multiples tensions, son moi d'enfant est déjà le siège de véritables conflits intérieurs. Les mouvements contradictoires qui agitent leur enfant, hier charmant et *merveilleux*, aujourd'hui vilain et capricieux sont bien souvent mystérieux au regard des parents, et comme nous l'avons évoqué précédemment, source de conflit entre eux. Même s'ils sont dûment refoulés, l'enfant garde en lui des traces de ces sentiments d'envie, de frustrations, d'amour et de haine, d'angoisses, voire d'effroi, mais aussi de plaisir à être séduit et/ou à séduire ses parents.

La personnalité de l'enfant se constitue à partir de ces multiples expériences, tour à tour identificatoires et différentielles : « je suis comme », et « je ne suis pas comme ». Ce double mouvement identification/différenciation s'accompagne aussi d'angoisse. Il lui faut, en effet peu à peu accepter des renoncements variés, dont celui d'être tout, donc sans manques (illusion de toute puissance). C'est à ce prix qu'il construira sa personnalité et son autonomie, d'où le terme de conflit structurant, donné au conflit œdipien.

À l'enfant incombe une partie de ce travail, aux parents une autre. Progressivement, la mère comme le père auront à renoncer, *à faire leur deuil de l'enfant désiré, merveilleux,* pour investir d'un amour suffisant *l'enfant réel.*

L'interdit de l'inceste fonde et assure l'écart des générations, en même temps qu'il ouvre entre parents et enfant une conflictualité normale : c'est le conflit œdipien, incontournable. La place du père est dite pour cela « conflictogène ». Héraclite ne disait-il pas : « Le conflit est père de toute chose. » Cela se vérifie quotidiennement au fil des thérapies de couple et de famille. Sans doute, ces parents seraient-ils soulagés parfois de réaliser que c'est normal. En effet, un univers familial indifférencié débouche plus souvent sur l'infécondité ou sur la psychose, que sur une saine harmonie.

Les difficultés des enfants sont d'autant plus des ferments de conflit entre les parents qu'au sein de leur relation ils ne savent pas gérer leur propre conflictualité. Il est vrai qu'entre une saine conflictualité, reflet de leurs différences et des conflits stériles et destructeurs, la frontière est parfois difficilement repérable.

Les conflits liés à la relation de couple

Le versant structurant et le versant destructeur de la conflictualité conjugale

L'étude de la conflictualité conjugale fait également une large place à la dynamique inconsciente qui mène ce *jeu relationnel.* Parler de jeu relationnel entre les conjoints, c'est essayer d'aborder la conflictualité inhérente à la relation de couple, non comme une éventualité dramatique, mais comme l'expression vivante de chacun, nécessaire à la maturation de la relation. En effet, la dynamique relationnelle issue des différences est structurante pour la relation de couple, puisqu'elle situe l'un et l'autre dans leur personnalité propre. Lorsque commence la vie à deux, on se connaît encore très insuffisamment, et les premières petites crises de couple permettent de mieux se connaître, à condition bien sûr que, passé le moment d'énervement, on puisse se parler à cœur ouvert. Par contre, à coté de cette conflictualité saine, tend à se développer une autre dynamique de conflit plus insidieuse, vite destructrice et sans issue, basée sur le réveil au sein du couple du conflit intra-psychique de chacun et des multiples scénarios, inconscients pour la plupart, qui le composent.

Certains de ces scénarios que l'on espérait disparus avec l'enfance, vont refaire surface inconsciemment et se rejouer de façon répétitive au sein du couple, jusqu'à ce que ce dernier puisse en prendre conscience. Il peut aussi préférer les ignorer, tourner la page au lieu de la décoder comme il le faudrait. Il n'est pas rare de constater que dans un couple qui vit ensemble depuis un certain temps chacun ignore les moments importants de l'enfance de l'autre. Pourtant, bien inconsciemment les enfants ont le génie de nous y renvoyer, et ce peut être source de complications multiples dans les relations parents-enfants, surtout si nous nous refusons à écouter parler l'enfant qui vit toujours en nous. Hélas, plus nous nous accrochons à nos dénis, plus ce que nous réprimons empruntera d'autres voies (*voix*) pour resurgir. Mais colères et angoisses déplacées sur des supports de réalité, sont alors indécodables pour le conjoint s'il connaît insuffisamment l'histoire de l'autre.

C'est ainsi que certains conflits se répéteront sans pouvoir être jamais ni élaborés ni élucidés, et qu'un processus d'engrenage destructeur se mettra en place.

Un autre aspect qui facilite la mise en route du processus d'engrenage, est la diminution, voire la perte, dans ces moments là de toute capacité de réflexion. En effet, alors que l'expression amoureuse s'accompagne d'un déploiement de l'imaginaire, le conflit non élaboré est un enfermement qui réduit l'espace psychique. Les mots sont souvent *crus*, le discours colle à la réalité comme si le psychisme fonctionnait sans la zone intermédiaire, dite préconsciente, si nécessaire à l'élaboration de la pensée. Le conscient semble alors en prise directe sur le monde pulsionnel inconscient. Nous sommes à la frontière du passage à l'acte violent, fréquent dans ces moments-là, tant la capacité de penser est mise en échec. Cette dynamique interactive angoissante parce que mortifère s'installe parfois à la naissance du premier enfant.

C'est le cas de Jocelyne et Daniel. La grossesse avait été difficile et source d'angoisses innommables pour Jocelyne. Dès l'accouchement, elle eut l'impression de ne plus exister pour Daniel qui n'avait d'yeux que pour le bébé. « À ma sortie de la *paternité*, il oublia même de m'apporter des vêtements », ce sont ses mots, le lapsus venant souligner une confusion identitaire angoissante, réactivée au sein de ce couple, autour de la naissance. Invitée à en dire davantage sur ses angoisses pendant sa première grossesse, elle évoque le savoir-faire sans limites de sa propre mère pour la maison et les enfants. Elle est la seconde de trois filles, et sa mère qui ne travaillait pas à cette époque, menait la maison avec autorité et compétence. « Sachant que j'allais devenir mère, je pense que j'avais très peur de n'être pas à sa hauteur », souligne Jocelyne. On peut se demander si son exigence de perfection pour les tâches ménagères ainsi que son aveu de les détester, ne sont pas l'expression d'une grande ambivalence, vis-à-vis d'une représentation maternelle inaccessible, voire persécutive.

Elle dira aussi son regret de n'avoir pas été un garçon, ce qui lui eût peut-être permis plus de distance dans ses identifications.

Daniel est le dernier, non désiré, d'une famille nombreuse. Sa mère, déprimée et débordée, ne voulait pas d'un autre enfant. Elle fut malade pendant toute cette grossesse, et faillit mourir des suites de l'accouchement. Entre un père absent le plus souvent et une mère dépressive, un de ses frères semble avoir été, à travers ses troubles mentaux, le « porteur de symptôme » du groupe familial. C'est alors qu'une thérapie familiale fut proposée et mise en place. Bien que difficile à vivre pour tous, elle s'avéra bénéfique avec le temps.

En évoquant sa mère, Daniel avoue qu'il l'aidait volontiers dans les tâches ménagères, et qu'elle l'avait surnommé, pour cela : « la fille de la maison » ! Aujourd'hui, il dit que par goût il opterait volontiers pour consacrer moins de son temps à son travail extérieur et plus à la maison, mais Jocelyne est catégorique : « un homme à la maison, jamais ! »

On perçoit bien ici le tissage inconscient qui s'opère entre les conflits intra-psychiques de chacun et la problématique inter-personnelle active au sein du couple. Ils avaient déjà pris conscience, disent-ils, de leur grande difficulté à se situer dans l'altérité, et de la confusion angoissante qui s'en suivait face à leurs enfants. À l'époque, cependant, le remède paraissait simple : pour Jocelyne il suffisait que Daniel prenne sa place de père, et pour Daniel, il fallait que Jocelyne cesse de l'agresser et de l'injurier devant les enfants. Aujourd'hui, ils découvrent avec la thérapie le niveau de profondeur auquel, en réalité, se jouent leurs difficultés, et la souffrance démesurée qui en résulte pour chacun.

Une grande appréhension s'emparait néanmoins de moi quand arrivait le jour et l'heure de la séance. Par exemple, je me surprenais à penser certaines choses : mais qu'est-ce qui va se passer ? quoi faire ? quoi dire ? en d'autres termes, à quelle sauce vais-je être mangée aujourd'hui ? La thérapie est un lieu de dépôts et de projections pour les patients. Le thérapeute le sait d'avance, mais ce qu'il ne peut pas mesurer, c'est la façon dont ces dépôts vont le « travailler ». Ce fut le cas avec ce couple.

Nous savons que les fantasmes inconscients sous-tendent certains contes pour enfants. Ainsi, dans *Le petit Poucet*, l'angoisse de devoir se séparer de ses enfants, lorsque l'on ne peut pas les nourrir, est exprimé par la mère, et l'ogre représente la jouissance inconsciente du père à les dévorer. Dans le conte [1], Hans et Gretel, les enfants sont insatiables et leur rêve est d'habiter une maison en pain d'épices à dévorer sans fin, et ici c'est la mère, une sorcière, qui a le projet de les dévorer. Tout en écoutant le conférencier, je m'imaginais Jocelyne et Daniel en Hans et Gretel, et moi en gentille ogresse me demandant ce que j'allais faire d'eux. Me revenait égale-

1. Grimm, *Contes*, Flammarion.

ment en mémoire la manière dont, enfant, ces contes m'avaient impressionnée. Plusieurs questions s'imposent alors à moi : Jocelyne a-t-elle été nourrie au sein ? Comment s'est passé le sevrage ? Et par les injures qu'elle crache compulsivement dans son couple, que vomit-elle ?

De sa petite enfance, elle n'avait rien dit, et ses parents étaient présentés comme attentifs à leurs enfants. Daniel, par contre, avait dès la première séance évoqué d'importants problèmes dans sa famille et, surtout, la dépression de sa mère pendant qu'elle l'attendait et après sa naissance. La séance qui suit, Jocelyne entre, apparemment bloquée. Elle est repliée sur elle-même, ne regarde personne et reste sans rien dire.

Daniel la regarde plutôt froidement et ne dit rien non plus. À ma proposition de dire ce qui leur vient librement, elle dit qu'elle avait pensé ne pas pouvoir venir : « J'avais physiquement envie de vomir, rien qu'à l'idée de parler de ce couple que je voudrais jeter. » Je réponds qu'elle a néanmoins pu venir dire cela, et que c'est important. J'ajoute que son envie physique de vomir me fait penser à un bébé qui vomit le lait du sein qu'il va devoir quitter.

Elle me regarde et je lui demande ce que cela évoque pour elle et, comme elle ne dit rien, je précise ma pensée et lui demande si elle a été nourrie au sein. Sa réponse fuse : « Oui, et j'ai failli en mourir ! »

Suit alors le récit, raconté par sa famille, de ce qui s'est passé quand elle avait trois mois. Sa mère tenait à continuer l'allaitement bien qu'ayant des crevasses et des abcès aux seins. Jocelyne dépérissait et surtout présentait de multiples abcès. On la mena en consultation spécialisée. « On s'aperçut alors que je buvais plus de pus que de lait. Ma vie était en danger, il fallait me garder à l'hôpital. Ma mère refusa, ne voulant pas se séparer de moi. Finalement, c'est un médecin de ma famille qui sut comment me soigner et me guérit. »

Je risque une interprétation et propose un parallèle entre le couple grâce auquel on peut vivre de bons moments, mais aussi des moments détestables qui donnent envie de le vomir, et les séances dont certaines font du bien, parce que l'on a l'impression de faire un bon travail, et d'autres où rien ne va plus. Cela renverrait-il au sein maternel, ayant donné à la fois du bon lait mais aussi du pus qui rend malade ? Lui, évoque alors sa mère qui fit après son accouchement un accident circulatoire, l'empêchant de s'occuper de son nouveau-né.

Nul ne saura jamais ce que, nourrissons, ils ont éprouvé l'un et l'autre. Mais certains détails, livrés au fil des consultations, prennent un sens, entre autre l'énorme tension qui entoura la naissance de leur premier enfant, la grande fatigue de Jocelyne qui voulait allaiter et tenait à tout faire elle-même, ou encore les bouffées d'angoisses de Daniel l'obligeant à prendre le bébé qui allait s'endormir pour voir si tout allait bien. Le couple pourra-t-il survivre à de tels assauts ? Je suis perplexe devant le travail à accomplir. À l'évidence, tous les niveaux du fonctionnement psychique sont présents du plus archaïque comme l'envie de vomir, au plus élaboré.

Pendant les séances où la crise se rejoue, le thérapeute a la double vision d'avoir effectivement en face de lui deux bébés totalement dépassés par ce qui leur arrive, mais également deux adultes faisant des efforts immenses pour nommer ces angoisses primitives et en désamorcer le retour au sein du couple. Lorsqu'un conflit éclate c'est sur un mode immature qu'arrive la réponse actuelle, comme aux moments traumatiques d'hier. Le thérapeute est alors le tiers qui peut offrir la *psyché-relais* dont ils ont besoin pour sortir de l'engrenage projectif dans lequel ils sont enfermés.

SOS Soignez-vous !

L'analyse des crises qui secouèrent le couple de Jocelyne et Daniel est éclairant pour notre sujet car, s'ils se sont un jour décidés à consulter un thérapeute de couple, c'est parce que les manifestations de souffrance des enfants les y obligeaient. Face à la violence de leur crises et aux mots orduriers qui déferlaient dans ces cas là, les enfants se mettaient à crier et à pleurer, terrorisés par ce qu'ils voyaient et entendaient. Crises d'angoisses et cauchemars décidèrent les parents à consulter un thérapeute d'enfants, qui assez rapidement les rassura sur la santé des enfants mais souligna l'importance pour eux de consulter en couple.

Peut-on dire pour autant que les enfants ici, ont été thérapeutes de leurs parents ? Non, par contre il est exact de penser que c'est le lien d'amour profond qui existait entre parents et enfants qui a permis aux parents de se soigner pour continuer leur métier de parents. Il arrive également que des parents avouent s'être sortis de situations quasi désespérées, grâce à l'affection et à la sollicitude de leurs enfants. Le plus souvent, il s'agit de difficultés matérielles, même lorsque la santé est en question. Dans ces cas précis, le combat est extérieur à la famille, même si c'est le couple qui a des soucis de santé ou de travail.

Chacun, petits et grands, est alors fier de donner ce qu'il peut pour vaincre les difficultés : l'union fait la force, et même s'il y a des conflits plus ou moins latents, ils s'effaceront devant la nécessité de surmonter l'épreuve et de s'en sortir, à condition toutefois que les liens affectifs soient profonds.

Par contre, si l'épreuve est le résultat de conflits d'ordre relationnel, toute la famille se sent non seulement concernée, mais plus ou moins coupable de la souffrance générale. Dans ces conditions, soigner l'autre devient se soigner soi-même, l'urgent étant souvent de commencer par se différencier des autres et d'accepter une relative solitude. S'extraire des projections des autres et cesser de projeter soi-même est indispensable pour commencer à assainir le champ des relations familiales, d'où la prescription dans certains cas de thérapies individuelles pour commencer.

N'oublions pas que si l'enfant a besoin d'être aimé de ses deux parents, dans son ambivalence inconsciente il lui arrive de désirer chasser l'un des deux pour vivre avec l'autre un amour fusionnel. C'est bien là que s'enracine sa culpabilité inconsciente lorsque, dans la réalité, ses parents sont en conflit ou divorcent. Amour et culpabilité peuvent l'envahir au point de gêner ses apprentissages scolaires et de mettre en danger son équilibre psychique.

Il arrive qu'un enfant mette sa vie en danger pour essayer de réunir ses parents. C'est le cas de Julie. Elle a 20 ans et consulte pour la énième fois car elle ne sait plus où elle en est, au plan personnel comme au plan professionnel. Elle a essayé plusieurs formations sans en terminer aucune, elle a espéré plusieurs fois qu'une relation affective allait s'amorcer avec un garçon et chaque fois ce fut une rupture précoce. Elle avait neuf ans lorsque ses parents, ne s'entendant pas, ont préféré divorcer. Depuis ce jour, elle oscille entre s'installer chez l'un ou chez l'autre et finalement elle a une chambre des deux côtés, mais ne se sent chez elle nulle part, et n'arrive à s'entendre ni avec l'un ni avec l'autre. Elle est certaine que c'est la cause de ses mauvais résultats scolaires, car petite fille elle était bonne élève. Il y a quatre ans, elle a fait une tentative de suicide et, dit-t-elle en souriant, « à mon réveil, ils étaient là tous les deux au-dessus de mon lit ». Il lui est difficile de s'engager dans sa vie professionnelle et affective sans cette image rassurante du couple parental qui favorise la confiance en soi et une attitude positive face à l'avenir.

CHAPITRE V

Les retentissements des conflits de couple sur les enfants

Pourquoi l'enfant se sent-il concerné par le conflit parental ?

Le conflit parental touche l'enfant, c'est indéniable, quel que soit son âge, nous venons d'en donner l'illustration. Cependant, c'est avant tout la façon dont ses parents vont être capables, ou non, de l'assumer et de le gérer qui en fera pour lui un traumatisme, ou une forme d'apprentissage.

L'enfant représente le lien d'amour qui un jour a uni ses parents. Il est l'incarnation de ce lien qui fut l'origine même de sa vie, et lorsque ce lien est malmené, et prêt à se briser, c'est pour lui l'enveloppe protectrice dont il sort, faite pour le protéger, qui devient fragile et risque de se déchirer. Du même coup, un sentiment d'insécurité s'empare de lui et, si les conflits se durcissent, il peut se sentir envahi par des angoisses d'abandon.

Comment va-t-il habituellement manifester ce qu'il ressent ? Plus l'enfant est petit, plus c'est par son comportement qu'il va manifester son insécurité et son angoisse. Nous avons déjà souligné l'intensité de la circulation émotionnelle entre l'enfant et ses parents. Du fait de son immaturité, il est incapable d'élaborer lui-même les tensions qui le traversent, il va donc les décharger le plus possible à l'extérieur en pleurant, en devenant insupportable, coléreux, ou malade. C'est tout à fait ce qu'ont vécu et exprimé les enfants de Daniel et Jocelyne. Ces enfants, se sentant aimés de leurs parents, pouvaient les renvoyer à eux-mêmes, c'est ce qu'ils ont fait. Ce fut confirmé par le thérapeute d'enfant, qui fut leur intermédiaire pour dire clairement aux parents : vos enfants vont bien, mais souffrent parce que vous vous déchirez. À vous de faire ce qu'il faut pour leur rendre la vie plus agréable !

Inconsciemment l'enfant insécurisé appelle ses parents, et du même coup les décentre de leur conflit, en mobilisant sur lui leur attention et leur inquiétude. C'est un peu comme s'il leur disait : « Cessez de vous déchirer, vous avez mieux à faire : occupez-vous de moi ! »

Plus l'enfant est petit, plus son mode d'expression impliquera sa croissance psychique. Pour renforcer sa demande inconsciente, l'enfant retournera le plus souvent à des comportements régressifs : énurésie, troubles digestifs, difficultés à s'endormir par exemple. S'il est plus grand, échecs scolaires, instabilité, et plus tard vols, fugues, comportements violents, manifesteront son mal-être. Ces mouvements ne peuvent que ralentir ses acquisitions, retarder sa croissance psychique et entraver la progression de son autonomie. Au lieu de prendre confiance en lui et de devenir moins dépendant de ses parents en s'ouvrant avec plaisir au monde extérieur et aux autres, il risque de se sentir retenu à l'intérieur de l'engrenage conflictuel familial.

L'enfant n'a déjà que trop tendance à désirer rester petit. C'est aux parents à l'aider à grandir, à devenir plus autonome, et c'est en partie le rôle de l'éducation, et dans l'éducation l'exemple des parents est souvent ce qui vient confirmer le discours !

Soulignons au passage que ces comportements régressifs ne sont pas spécifiques de ce qui se passe en lui lorsque ses parents sont en conflits graves, d'autres causes peuvent le tourmenter et installer en lui de l'inquiétude et des questions angoissantes. Décès ou naissance, maladie, déménagements, s'il n'y est pas préparé, peuvent avoir sur lui des effets traumatiques. Un enfant peut aussi se sentir abandonné et mal aimé lorsque ses parents semblent ne vivre que pour eux et pour leur couple, ou lorsque leurs choix professionnels, politiques ou autres formes de militantisme, les absorbent totalement.

Le message comportemental de l'enfant sera à nouveau : « SOS, j'existe, occupez-vous de moi ! » Cependant, certains enfants de nature particulièrement solide, réussiront au contraire à acquérir plus vite une autonomie suffisante pour se passer de la protection des parents. Ils investiront davantage leur scolarité et toutes les formes de vie sociale qui s'offrent à eux. Autre point très important : l'inversion des rôles. Il peut arriver par exemple qu'un parent, fragilisé par les crises conjugales ou autres formes d'épreuves remettant en question la solidité parentale comme le chômage ou l'infidélité, soit affectivement frustré et déplace sa demande d'amour vers l'enfant.

Il peut même en faire son confident et chercher auprès de lui la consolation affective dont il a besoin. Cette inversion des rôles est toujours préjudiciable pour l'enfant. Ceux qui l'ont vécue ont plus tard le sentiment de ne pas avoir eu d'enfance, et parfois, cela marque leur vie affective et sexuelle, d'une expérience quasi incestueuse. Les psychologues, chargés des enquêtes sociales demandées par les juges aux affaires matrimoniales avant un divorce, constatent la fréquence de tels comportements. Ainsi cette mère disant à son fils avant son entrevue avec le juge : « À toi de jouer, fais attention à ce que tu diras au monsieur », ou encore : « Je te préviens que si c'est ton père qui gagne, (la garde des enfants) je me suicide ! » Une telle inversion des rôles est ingérable pour un enfant, déjà écartelé par le choix qu'on lui demande de faire entre habiter chez son père ou chez sa mère.

Qu'en est-il de sa culpabilité ? Spontanément, un enfant cherche à garder la première place auprès de sa mère, ou à la reprendre à la moindre occasion. Ainsi cette petite fille, dont la mère était en train de parler avec une amie, venant sans cesse lui demander quelque chose et s'interposer entre elles. La première fois, la maman lui signifie d'être polie et de la laisser parler. L'enfant, continuant son manège, la maman finit par lui demander énervée : « Mais enfin qu'est-ce que tu veux ! » et l'enfant de répondre sans la moindre hésitation : « Toi ! ».

Le premier à s'interposer entre la mère et l'enfant est normalement le père. Vaille que vaille l'enfant s'y fera et, lorsque chez le père le désir de protéger l'enfant l'emporte sur la rivalité, l'enfant y trouvera son compte. Les jeux de séduction vis-à-vis du père et de la mère sont multiples, ce qui le plus souvent amuse les parents. Néanmoins, ressentiments et jalousie font partie de ce qui habite l'enfant face au couple parental. C'est l'âge où la petite fille, comme le petit garçon, semble signifier au père ou à la mère à travers ses caprices, ou ses efforts pour faire plaisir, que lorsque le gêneur sera parti, il prendra sa place. Par la suite, ces mouvements normaux seront refoulés mais, le jour où le couple se déchire dans la réalité, cette culpabilité œdipienne refoulée se réactive et tourmente l'enfant. On comprend alors le malaise de l'enfant pris dans la demande d'amour excessive d'un de ses parents que la rupture du lien conjugal met en grande détresse, car la voix culpabilisante de sa conscience semble lui dire : « Ce qu'autrefois tu as osé désirer est en train d'arriver, y serais-tu pour quelque chose ? »

Cette ambivalence dans les sentiments qui circulent entre parents et enfants n'a rien d'anormal, néanmoins elle peut peser lourd parfois dans les conflits psychiques de l'enfance, comme de l'âge adulte, lorsque les parents se séparent. Il est plus facile de partager les biens de façon équitable que de s'occuper des causes profondes de la mésentente, et chacun quitte l'autre avec des problèmes irrésolus. Certains parleront de sentiment d'échec, d'autres de regrets, mais il s'agit surtout de ce qui n'a pu ni se penser ni se dire et qui constitue la part négative d'une expérience. Actuellement, les psychothérapeutes s'interrogent et réfléchissent beaucoup sur ce qu'ils nomment « les modalités du négatif ». Le terme négatif n'est pas ici à entendre comme équivalent de mauvais ou de mal, mais davantage comme ce qui n'ayant pas reçu l'aval de la pensée consciente, reste en nous inutilisable.

Sans un réel effort d'investigation, cette part inutilisable de l'expérience étant inaccessible à l'intelligence rationnelle, nous disons alors que l'on ne comprend pas pourquoi ce qui avait bien commencé s'est aussi mal fini. De ce fait, on aura tendance à expliquer la rupture de façon rationnelle, et à se décharger volontiers sur l'autre des difficultés rencontrées sans se poser la question de ce que les enfants en feront plus tard. L'enfant souffre du mal-être de ses parents, et seules des paroles vraies l'aideront à se dégager peu à peu de ce qu'ils vivent. Cependant, il est bien difficile quand on est soi-même dans le désarroi ou la colère, de trouver les mots justes qui aideront l'enfant à rester à sa place. Heureusement, on ne parle pas qu'avec des mots et c'est la façon de se comporter avec lui qui importe.

Tout le monde n'est pas capable de se remettre en question avec honnêteté, ce qui ne signifie pas porter la responsabilité entière des difficultés. On peut espérer pour l'enfant, que le jour où le parent en difficulté retrouve une vie affective et sexuelle normale grâce à un nouvel amour, tout rentre dans l'ordre. Parfois oui, mais c'est souvent plus compliqué qu'on ne le voudrait, car sous prétexte de ne pas le laisser de côté, on risque de lui donner trop d'importance lorsque l'on projette de refaire sa vie. Sans en avoir conscience, on l'installe à une place de toute puissance qu'il aura du mal à quitter, le jour où l'on aura moins besoin de lui.

Roselyne et Francis finissaient leurs études lorsque, Roselyne attendant un enfant, ils décident de vivre ensemble. La naissance de Julie est une joie mais complique leur vie. Francis doit travailler au lieu de poursuivre ses études et Roselyne, encore fatiguée par sa maternité, accepte néanmoins une promotion professionnelle qui la tente, mais elle a du mal à s'en sortir et reproche à Francis de ne pas l'aider suffisamment. Malgré de réels efforts de l'un et de l'autre, assez rapidement leur relation se détériore. Francis a l'impression qu'il n'a plus sa place auprès de Roselyne et avec maladresse le lui signifie.

Pour un oui ou pour un non, il râle et, conscient de l'importance que Roselyne accorde à l'éducation de Julie, c'est sur ce plan là de préférence qu'il la critique. Jusqu'au jour où celle-ci excédée, prend sa fille sous le bras et décide qu'elle s'en sortira mieux toute seule, comme sa mère. En effet, Roselyne est l'aînée d'un demi-frère plus jeune qu'elle. Sa mère, ayant divorcé lorsqu'elle était petite, se remaria par la suite et eut de ce deuxième couple un autre enfant. La séparation d'avec Francis est rapide puisqu'ils ne sont pas mariés, Roselyne s'organise pour sa fille et la vie continue. Julie est une enfant facile, l'école lui plaît et ce petit couple mère/fille fait l'admiration de tous. Francis se manifeste de temps en temps, sans pour autant déranger le duo mère/fille. Julie approche de ses huit ans lorsque Roselyne se laisse séduire dans son travail par Jean-Marie, un homme d'affaire nettement plus âgé qu'elle.

Sa réussite mais aussi son expérience la charment, lui est très amoureux et pense même qu' il a enfin trouvé la femme de sa vie. Divorcé d'un premier couple, ses enfants sont étudiants, il se sent libre de commencer une autre vie. Roselyne hésite et demande à Julie son avis : « Si comme beau-père, il te plaît, je l'épouse. » La famille se recompose et tout se passe bien jusqu'à la naissance d'un nouvel enfant. Cette fois, Roselyne arrête son travail, mais assez vite cette vie de mère à la maison lui pèse. Elle manque de patience avec Julie, qui peu à peu devient difficile avec elle et franchement odieuse avec son beau-père dont elle refuse l'autorité.

Un jour, énervé par le comportement de plus en plus provocateur de cette pré-adolescente, il la gifle. C'est un drame d'autant plus grave que Roselyne, tendue en permanence, rejette froidement les avances affectives et sexuelles de son mari. Celui-ci, bouleversé par le changement brutal d'attitude de sa femme, et ne trouvant plus sa place auprès d'elle comme auprès de Julie, oscille entre la colère et la dépression. C'est alors qu'ils consultent.

Ils vivent une vraie crise de *désamour*, augmentée pour Roselyne d'un conflit aigu avec Julie qui a décidé brutalement de retourner chez son père, et ne se prive pas de renvoyer à sa mère une image de « mauvaise mère » qui la déstabilise totalement. Roselyne prétend ne plus avoir de désir pour son mari et il faudra l'amour profond de ce dernier, pour sa femme et leur enfant, pour qu'ils évitent la rupture et qu'un travail thérapeutique se mette en route. Julie s'est installée chez son père qui, n'ayant pas *refait sa vie*, forme avec cette jeune adolescente un véritable couple. Julie est passée d'une position de toute puissance auprès de sa mère à une position de pouvoir et de séduction auprès de son père dont elle partage totalement la vie.

Ce qui est à craindre pour Julie c'est que cette relation affective exclusive avec son père (elle n'a pas de relations amicales avec des jeunes de son âge), n'entrave son avenir de femme. D'autre part, si la mère et la fille n'arrivent pas à élucider leur conflit, c'est également son avenir de mère qui peut se trouver compromis.

Nous avons longuement souligné la prégnance du conflit avec sa propre mère, parmi les obstacles inconscients à la réalisation du désir d'enfant.

Il arrive parfois le phénomène inverse. Une mère, très déprimée et dévalorisée par une séparation exigée par son mari désireux de refaire sa vie avec une autre femme, surmonte sa blessure narcissique en faisant de son ex-mari, et de tous les hommes en général, un nul ou un monstre. Elle fait alors volontiers de sa fille une alliée et, ce qui est plus grave, lui fait partager sa haine des hommes : « Il ne faut jamais leur faire confiance, tous les mêmes, des coureurs de jupons, il n'y a que cela qui les intéresse ! » Pour peu que la fille, vu son jeune âge ait été confiée à sa mère, et que son père ne se soit jamais manifesté, comment un jour pourra-t-elle découvrir le plaisir de séduire un homme, de l'aimer et de lui faire confiance ? Le contraire peut exister lorsqu'un homme, blessé par les infidélités de sa femme, déclare devant les enfants que leur mère est une putain, comme toutes les femmes !

Cette réalité, qui existe hélas, oblige à approfondir la question de savoir ce qu'il convient de dire ou de ne pas dire aux enfants de la mésentente parentale, ou des difficultés d'un couple et d'une famille.

Autrefois, il était de bon ton d'éviter de se disputer devant les enfants et, d'une façon plus générale, de taire ce qui n'allait pas dans un couple et de cacher aux yeux des autres les souffrances de la famille. Ainsi les familles avaient-elles des secrets aux yeux des autres mais aussi entre les membres d'une même famille. De nos jours on parle plus facilement avec les autres de ses difficultés, et c'est mieux ainsi. Par contre, et certaines émissions de télévision le prouvent, certains jouent à dévoiler aussi loin que possible le monde intime des relations humaines, ce qui n'apporte rien et transforme le spectateur en voyeur.

Sans doute est-il nécessaire de faire une différence entre le respect de l'intimité du couple, et le fait de taire une part de vérité concernant l'histoire de la famille. À l'heure actuelle, l'anonymat des donneurs de spermes, dans le cadre de procréations médicalement assistées, remet à l'ordre du jour la question du secret des origines.

Secret des origines, origines du secret

Le lien entre les manipulations génétiques, le secret et ses effets sur la santé psychique des individus peut ne pas sembler évident, pourtant, il existe. Par exemple, le fait pour un couple de constater son infécondité, peut-être transitoire, est souvent vécu comme une injustice ou une malédiction. Il en découle un recours parfois abusif, souvent compulsif, à la procréation médicalement assistée, pour tenter de remédier à une stérilité hypothétique.

Tel ce jeune couple reçu en consultation dans un service de maternité où sont prises en compte toutes les difficultés autour de la naissance, y compris celles d'ordre psychologiques.

Ce couple consulte car la grossesse, mise en route par insémination artificielle, ne se déroule pas bien. Il y a une grossesse gémellaire et l'un des deux embryons vient d'être expulsé, mort. Le chef de service, devant la détresse du couple, me l'adresse. Je ne l'ai vu qu'une fois.

Ils n'ont pas souhaité revenir et je ne peux donc transmettre qu'une première observation des difficultés de ce couple.

En l'écoutant, j'apprends que la stérilité vient de lui et que le couple a décidé de garder secrète l'insémination artificielle avec donneur à laquelle il a eu recours. Leurs familles, qui déploraient l'absence d'enfant dans ce couple, se réjouissent avec eux et ils ne veulent pas ternir cette bonne nouvelle. Lorsque j'évoque l'enfant à venir, ils me confirment que c'est également pour qu'il « se sente comme tout le monde » qu'on gardera secret l'acte médical qui lui a donné la vie.

Ce qui me frappe tout de suite dans ce couple c'est sa dissymétrie. Certes, ils se présentent comme soudés l'un à l'autre par l'épreuve et la décision qu'ils ont prise, mais j'observe que madame parle pour deux et que monsieur est inexistant. Il se contente de reprendre les paroles de sa femme lorsqu'elle lui dit : « N'est-ce pas ? » (sous-entendu : que tu es de mon avis). L'enfant qui va naître a donc bien des chances d'avoir à se construire avec une lourde hérédité : un secret sur ses origines, un père inexistant, un désir maternel exorbitant. Dans le désir que celle-ci exprime d'avoir un enfant *comme tout le monde*, mon expérience me laisse entendre *sans défaut*.

Certes, la médecine a remédié, si l'on peut dire, au premier défaut de ce couple, la stérilité, mais l'escalade de la demande de réparation a des chances de continuer. Chaque fois qu'une difficulté apparaîtra, cette mère anxieuse se tournera à nouveau vers cette médecine toute puissante. Là où une autre maman aurait simplement cherché de l'aide ou du réconfort parmi les siens, ou dans son couple, elle consultera un spécialiste.

Cet enfant souffrira-t-il davantage du secret autour de sa conception, sachant qu'il y aura des lapsus en rapport avec ce non-dit ? de l'angoisse maternelle attendant tout du génie médical, véritable père symbolique de l'enfant ? du père inexistant qui, plus qu'un autre, aura du mal à assumer sa fonction paternelle ? Nous n'avons pas de recul suffisant pour apporter des réponses valables aux questions posées par l'insémination avec donneur car ces techniques sont trop récentes. Cependant, notre expérience de thérapeute de couple nous laisse entrevoir les failles et les points fragiles d'un système familial soumis à ce genre d'épreuve.

La famille est constituée d'un réseau complexe de liens qu'il convient de déployer largement, sur trois ou quatre générations, pour approcher son histoire. Chaque génération, qu'elle le veuille ou non, hérite et transmet. On ne fait pas ce que l'on veut ni avec ce que l'on reçoit, ni avec ce que l'on transmet. Tout est là. Il est étrange de constater à quel point les non-dits, les secrets, « travaillent » l'intérieur d'une famille sans qu'elle en soit consciente.

Il est impossible qu'une famille ne transmette rien. Soulignons que l'aspect concret et matériel d'un héritage est bien peu de choses en regard de l'aspect culturel, moral, religieux et affectif. Chaque famille possède une mémoire consciente et inconsciente.

Même si l'on ne se fréquente pas, ou plus, à la suite de brouilles, les liens existent et, nous le savons tous, les liens d'amour ne sont pas toujours les plus vivants. La haine soude parfois plus solidement les membres d'une famille que la reconnaissance, la loyauté, l'amour. Quand on explore l'histoire d'une famille, au cours d'une thérapie par exemple, on s'aperçoit qu'à la racine des haines, des exclusions, des rejets, déjà très traumatiques en eux-mêmes sur le plan psychologique, il y a souvent un arrêt ou un défaut dans la transmission de certains faits réels d'un passé plus ou moins lointain. Pour mieux cacher un événement, on en invente un autre, ce qui aboutit inéluctablement à un bel imbroglio.

Ainsi, non-dits, secrets, fausses informations, vont peu à peu infiltrer les réseaux de communication d'une famille, créant des mécanismes de transmission « tordus », toujours néfastes, parfois pathogènes entre parents, enfants, frères, sœurs, etc. C'est l'étude de certaines pathologies mentales comme la psychose, ou comportementales comme la délinquance, qui a permis de faire le rapprochement entre l'éclosion au sein d'une famille de tels dérèglements et l'existence d'un défaut de transmission inter-générationnel de son histoire.

De quoi parlons-nous en pathologie familiale quand nous évoquons les « secrets de famille » ? Un secret de famille fait partie de l'histoire familiale et concerne tous ses membres mais, à un moment donné, il a été caché à certains d'entre eux.

Deux aspects différents du secret sont à souligner :

– d'une part l'événement lui-même qui est « tu » et mis de côté pour quelque raison que ce soit (le drame d'Œdipe en souligne le danger) ;
– d'autre part les raisons de ce silence. Elles sont souvent d'ordre moral ou affectif, le fait qu'il convient de cacher étant ressenti comme honteux, humiliant, voire insupportable. C'est cette composante-là du secret qui va en faire un traumatisme psychique pathogène. On

peut cacher quelque chose de peur de faire de la peine à quelqu'un d'autre. Par exemple, un père peut cacher à ses enfants une condamnation pénale dont son propre père a été l'objet de crainte de leur faire de la peine et de ternir sa mémoire. Ce fait, en lui-même, n'est pas forcément répréhensible et générateur de trouble, mais le sentiment de honte, de rancœur qui porte à le taire peut gêner inconsciemment la communication entre le père et ses enfants.

À des questions précises concernant leur grand-père, les enfants recevront soit un silence embarrassé, soit une explication fausse, soit même un rejet empreint de mauvaise humeur, de toutes façons quelque chose qui nuira au climat de confiance entre parents et enfants. Un enfant sent vite inconsciemment qu'il dérange avec ses questions mais, s'il se tait et se replie sur lui-même, les questions qu'il ne veut plus formuler vont néanmoins le tracasser. Son inquiétude va se doubler d'une interrogation concernant le pourquoi de ce silence et/ou du comportement tendu de ses parents. Il y a des colères d'enfant qui sont d'abord le moyen d'expulser hors de soi ce genre d'angoisses.

D'autres enfants, plus passifs, vont renoncer à tout contact vrai avec ce parent, soit par crainte de blesser, soit, et c'est plus grave, parce qu'ils n'ont plus confiance. Cette perte de confiance peut affecter par voie de conséquence leur relation avec les autres adultes, professeurs par exemple, le travail scolaire pouvant alors perdre tout intérêt pour eux. Selon l'importance du secret et les comportements réactionnels induits dans la famille, les troubles ressentis par les enfants vont de l'instabilité de caractère au délire psychotique.

À côté de ces éventualités négatives, on observe également, lorsque cette épreuve tombe sur une personnalité très riche, des éclosions artistiques, des vocations de tous ordres, tant il est vrai que c'est souvent sur ses propres blessures que se développe un charisme profond, fruit d'un travail de sublimation.

Alexandre illustre en partie cette éventualité. À cinquante ans, il peut être fier de sa carrière scientifique de chercheur. Adopté, peu après sa naissance par un couple sans enfant, c'est à l'âge adulte, au hasard d'une démarche administrative qu'il découvre son adoption par ceux qu'il croyait être ses vrais parents. Ce fut un choc mais aussi une explication de la pauvreté de la communication qu'il avait toujours eue avec eux, ainsi que de son comportement d'enfant instable et dissipé. Mis en nourrice pendant ses années d'enfance puis pensionnaire, il se rappelle des colères de sa mère, de la passivité de son père, d'un climat familial peu chaleureux, mais ce qu'il réalise aujourd'hui c'est que jamais il n'osa leur poser la moindre question dans quelque domaine que ce soit.

S'il consulte, ce n'est pas pour évoquer des souffrances passées car, s'il n'a pas été choyé, à l'époque il n'en a pas vraiment souffert, mais parce qu'aujourd'hui il est totalement démuni pour établir avec sa femme une relation affective satisfaisante.

Il l'aime, souffre de la détresse qu'il perçoit chez elle, mais se sent bloqué si elle manifeste désirs, reproches et déceptions. S'il a su transformer en plaisir son besoin de savoir, lié sans doute au secret dont il a été victime, il reste néanmoins face à deux énigmes : pour quelle raison ses vrais parents ont-ils décidé de l'abandonner ? et pourquoi ses parents adoptifs lui ont-ils caché cette adoption ?

L'énigme centrale semble être liée à ce qu'une femme peut ressentir dans le couple lorsqu'elle est mère, et c'est face à sa femme devenue mère qu'il se sent démuni. Des mois de thérapie ne lèveront pas le voile des secrets qui ont installé au cœur de son sentiment d'identité un vide et un grand manque de confiance en lui. Par contre la relation thérapeutique permettra à Alexandre de faire l'expérience d'une communication ouverte faite pour penser et s'exprimer en confiance.

Moins angoissants que les secrets, les non-dits entre parents et enfants sur des questions qui les concernent, peuvent avoir des effets traumatiques sur les enfants. Gilles a la quarantaine et consulte car il se sent en retrait, parfois même passif, au sein de la dynamique familiale. Sa femme lui fait le reproche de ne jamais s'engager. Ils ont trois enfants, dont sa femme s'occupe beaucoup, mais depuis plusieurs années les échanges affectifs et sexuels au sein du couple sont inexistants. Lorsqu'il tente un geste d'amour, elle réplique douloureusement que c'est dans la vie quotidienne qu'elle a besoin d'affection et de rapprochement : « Le sexe sans l'affection, je me sens un objet ; je ne peux pas ! » Cet homme, à l'évidence sensible, qui s'exprime volontiers et facilement en séance, est complètement bloqué dans sa relation de couple. Pourquoi ? Que se passe-t-il ?

Il n'avait pas deux ans lorsque ses parents, exilés en France, sont obligés de repartir dans leur pays d'origine pour une longue durée. Ils préfèrent ne rien dire à l'enfant et le laissent chez une nourrice qui s'occupe bien de lui. Il sent que cet événement a marqué son comportement adulte, mais il ne sait pas en quoi. On peut se demander, simple hypothèse, si l'abandon n'a pas gelé les manifestations affectives normales chez un petit enfant, inscrivant au fond de son être qu'il vaut mieux ne pas s'attacher à ce que l'on risque de perdre.

Vouloir répondre à ces questions de façon précise serait prétendre mettre en équation les épreuves de la vie et la souffrance humaine dans l'espoir de détenir un jour les clés de l'harmonie familiale. C'est impossible. Aucune famille ne peut être à l'abri des ces « coups du sort » qui font partie de la condition humaine. Il semble néanmoins préférable de partager à cœur ouvert l'épreuve, plutôt que d'en ajouter une autre en cumulant non-dits, secrets, interprétations erronées, sources d'exclusions et de rancunes, déformant l'histoire familiale ou stoppant sa transmission aux générations à venir. Certes, il y a parfois des réalités douloureuses, difficiles à transmettre, mais les édulcorer, les déformer, les évacuer, empêchent la vérité de faire son travail dans les corps et les consciences. Un enfant, même fragile, se défendra mieux pour trouver son identité avec les éléments de vérités dont il peut disposer, que face au vide laissé par un non-dit, un secret sur des événements qui le concernent.

Face à ces méfaits il serait simpliste de prêcher la transparence dans la communication familiale. C'est impossible car on ne peut pas tout dire à tout moment. Quand bien même on tenterait de le faire, on s'apercevrait vite que cela peut engendrer des méfaits différents mais tout aussi graves pour l'équilibre psychique puisque ce serait la capacité même de penser, d'être soi, qui serait entravée. En effet, pour penser, *dire je*, accéder au sentiment d'identité, il faut que s'établissent peu à peu entre l'enfant et les autres membres de sa famille, des frontières psychiques. Aimer trop, c'est aimer mal. De la fusion à la confusion, le pas est vite franchi.

Précisons qu'il s'agit là de l'espace privé indispensable à chacun, ce qui signifie respecter l'autre en lui laissant *son jardin secret.* Dans une famille, le premier jardin secret doit être, pour les enfants, la chambre des parents, métaphore de leur intimité.

Qu'au moment d'une crise conjugale, parce qu'un enfant demande pourquoi cette tristesse, ces pleurs ou cet énervement, on dise avec simplicité que la vie de couple n'est pas toujours facile, ce constat réaliste peut suffire à désamorcer son inquiétude et éviter qu'il ne se sente impliqué.

Par contre, s'ouvrir à un enfant de ses déboires conjugaux, le prendre pour confident de ses insatisfactions sexuelles ou affectives est une grave erreur pédagogique et psychologique. C'est inverser l'ordre des générations, en positionnant l'enfant comme protecteur de ses parents, et lui faire porter un poids qu'il n'a pas à porter. Ce peut être aussi lui voler une part de son enfance que de l'initier trop vite au monde des adultes. Enfin, c'est introduire un excès de réalité dans son monde imaginaire. Même s'il y a infidélité, liaison, de la part de l'un ou de l'autre, passagère ou durable, vécue ouvertement ou dissimulée, ce problème reste celui des parents. Par contre, si le couple est amené à se séparer, il est important que les parents en parlent à leurs enfants. Hélas, c'est rarement clair pour les parents eux-mêmes, car liaisons et infidélités sont souvent le résultat d'un dialogue conjugal difficile. Ces enfants, qui un jour se sont trouvés pris dans la tourmente affective de leurs parents grandiront, et à leur tour devenus adultes s'engageront dans une vie de couple. Les traces des conflits parentaux qui ont indéniablement marqué leur enfance vont-elles nécessaiement compromettre leur avenir affectif et sexuel ?

La répétition des conflits parentaux est-elle inéluctable ?

Actuellement, il est banal d'entendre un couple en difficulté, préciser que les couples de leurs parents respectifs ne s'entendant pas, ceux-ci divorcèrent. Il leur est difficile pourtant de voir dans leurs difficultés d'aujourd'hui un écho des conflits parentaux dont ils ont souffert dans leur enfance, et leur démarche ressemble à une tentative pour gérer leur mésentente de façon à éviter à leurs enfants les tourments qui furent les leurs. Quant à ceux dont les parents sont restés ensemble malgré leur mésentente, le résultat semble le même : les enfants en ont souffert, et reprochent facilement à leurs parents de leur avoir imposé les tensions dues à leur mésentente. Un processus inconscient est ici à l'œuvre, dont on ne mesure pas la force quasi aveugle : la répétition. Tout événement, dont la charge émotionnelle excessive ne s'est pas écoulée, reste traumatique et marqué d'une sorte de compulsion répétitive. On peut dire que, plus que l'exemple du comportement parental, c'est le fait que les parents soient restés meurtris par une mésentente qui risque d'induire une répétition chez l'enfant lorsque, devenu adulte, il a une vie sentimentale et s'engage affectivement.

Les processus, en partie inconscients, qui vont organiser pour ces enfants à l'âge adulte leur rapport à l'autre et la mise en place de l'élection amoureuse peuvent se schématiser ainsi. Soucieux d'échapper à la vie de leurs parents, qu'ils ont vécue comme une galère, ils vont idéaliser leur vie amoureuse à venir plus encore que ne le font tous les jeunes. Lorsqu'ils rencontreront l'objet de leur désir, celui-ci sera mis sur un piédestal élevé, étant chargé d'apporter des satisfactions sans faille, afin d'éloigner le spectre de l'échec parental. Nous avons là les ingrédients qui mènent au coup de foudre, aux relations de type passionnel, à des amours qui seront fragiles et basculeront plus vite que d'autres dans le désamour. Cet autre suridéalisé est devenu non pas décevant (ce qui serait l'étape normale de désidéalisation), mais cause de tous nos maux, donc persécuteur. L'exemple parental est alors ressenti comme l'unique voie pour en sortir : « Après tout, mes parents sont passés par là. Maintenant, je peux les comprendre. » Néanmoins, ce regard réaliste sur les dysfonctionnements de la relation conjugale est sans effet, car le couple idéalisé continue d'exister. Tout se passe comme si c'était l'autre, par sa mauvaise volonté, qui en empêchait la réalisation.

Parmi les demandes qui arrivent à nos consultations, beaucoup ne sont pas des demandes directes émanant d'un couple conscient d'être en difficulté.

C'est par le biais du pédiatre, qui trouve que l'enfant ne va pas bien, ou du psychologue, consulté pour des difficultés scolaires signalées par la maîtresse, que les parents acceptent de prendre conscience de leur mésentente, et de penser qu'elle est susceptible de tourmenter la croissance de leur enfant. Pourquoi ?

Au début d'une mésentente, chacun est spontanément enclin à penser que ce qui ne va pas vient de l'extérieur, et que, soi-même, on n'a pas de problèmes. Alors pourquoi se remettre en question ? C'est plus simple de demander au spécialiste d'aider l'enfant en difficulté pour qu'il retrouve son équilibre (Daniel et Jocelyne). Il arrive cependant que, conscient de son propre mal-être, on consulte personnellement. Mais, même dans ce cas, il est fréquent que la thérapie reste longtemps envahie par l'autre, comme si voir ce qui vient de soi dans le dysfonctionnement de la relation de couple était la difficulté majeure.

Le grand intérêt des thérapies de couple est d'accéder plus rapidement aux causes profondes, souvent déniées car inconscientes et parfois fixées au traumatisme infantile qu'à été la mésentente parentale. Ces traces traumatiques viennent à l'âge adulte se projeter dans la relation affective et sexuelle. Du fait de leur caractère inconscient, elles surgissent facilement sous forme de passages à l'acte.

Les conflits douloureux entre Pierre et Carole et, à un moment de la thérapie, les signaux lancés par leurs enfants vont nous aider à illustrer la complexité de ce qui, dans les relations parents-enfants, manifeste en permanence d'angoisse inconsciente qui travaille la famille. Une patiente, qui venait d'en prendre conscience, disait : « Je commence à voir que, ce qui nous dérange tant parfois dans le comportement de nos enfants, c'est qu'ils nous montrent à livre ouvert une page de notre inconscient ! »

Quelques rappels généraux sont néanmoins nécessaires à la compréhension de ces phénomènes à la fois individuels et interactifs, qui sont courants et concernent la vie quotidienne : la répétition inconsciente, l'acte impulsif, la répression de l'affect et l'agressivité. La *répétition* est un phénomène typique de l'existence humaine, elle est au cœur de nos apprentissages, de nos actes quotidiens et de nos relations aux autres. En disant que cela fait partie de nos habitudes, nous soulignons que nous n'avons pas à les réfléchir.

Pourtant, à côté de cette répétition qui, parce qu'elle devient inconsciente, nous simplifie la vie et facilite nos apprentissages, il en existe une autre, enracinée dans l'inconscient qui, elle, nous dérange car elle nous pousse à des comportements qu'ensuite nous regrettons. Cette répétition inconsciente nous installe parfois malgré nous dans une spirale d'autant plus angoissante qu'elle peut avoir des effets mortifères. Une thérapie peut être nécessaire pour aider un couple à sortir de certaines spirales mortifères qui empoisonnent leur relation. « Si cela continue, nous courrons à la catastrophe, aidez-nous à en sortir pour que la vie continue », ainsi s'expriment certaines demandes d'aide thérapeutique, tant l'aspect mortifère de ces engrenages leur semble évident.

Dans le couple, il existe une forme particulière de spirale répétitive qui implique les deux membres du couple et les pousse à rejouer sans cesse les mêmes scènes. L'un est porteur d'un scénario, l'autre le joue et en lui donnant la réplique, s'installe dans son jeu. On peut donc tout à fait entrer dans le jeu de l'autre sans le vouloir ni en avoir conscience. En réalité, certaines scènes de notre passé entrent en écho avec ce qui nous est proposé inconsciemment et c'est pour cela que nous donnons si facilement la réplique à notre partenaire. Il est souvent bien difficile de savoir qui mène le jeu, tant l'un et l'autre y sont profondément impliqués, et lorsque la souffrance devient insupportable, on a tendance à en rendre l'autre responsable d'où les reproches que chacun adresse à l'autre : « Tu m'y as poussé et maintenant tu me le reproches ! »

Certaines infidélités répétitives, organisées autour de crises de jalousie, ne prennent sens qu'après avoir repéré ces scénarios et compris leurs origines.

Ce curieux partage des rôles va néanmoins permettre à certains sujets, qui n'auraient jamais osé consulter pour eux-même, d'entreprendre au nom du couple un travail thérapeutique qui les aidera grandement par la suite. Ainsi, aidés par le thérapeute, ils trouvent des mots pour dire ce qu'ils éprouvent et ce qui les angoisse, au lieu de soulager leurs tensions par des comportements impulsifs, qu'ensuite ils regrettent, d'autant plus qu'ils s'avouent impuissant à les contrôler. On voit le lien qu'il peut y avoir entre la répression des affects et des émotions, « il (ou elle) est incapable de parler de lui, et d'exprimer ses émotions ! » et le passage à l'acte [1]. Il est certain que la vie en société oblige à réprimer bon nombre d'affects. Le stress, entre autres, ne viendrait-il pas des mille et un affects que nous réprimons à longueur de journée, tant au travail que dans nos activités sociales.

De ce fait, l'intimité familiale devient facilement le lieu où nous défoulons en partie ces émotions, contenues au prix d'une grande dépense d'énergie psychique, ce qui nous épuise et devient vite épuisant pour notre entourage.

1. Gérard Bonnet, séminaire 1999 de l'EPCI sur le passage à l'acte, non publié.

L'affect réprimé peut se manifester en s'inversant (on passera du rire aux larmes) ou en se retournant contre soi-même. Qu'est ce que l'affect ? André Green répond : « C'est un discours vivant. » En effet, un discours sans affect passe mal. Dire à quelqu'un que l'on est heureux d'être avec lui, en restant impassible, ne sera pas entendu comme une déclaration. C'est par son corps que l'enfant commence à s'exprimer : colère, pleurs, rire, passivité ou hyperactivité, sont autant de messages, relativement neutres, qui circulent entre l'adulte et l'enfant. La connotation, bonne ou mauvaise, agréable ou désagréable, donnée par la mère ou la personne qui s'occupe du bébé, induira chez lui l'expression ou la répression de ses affects.

Rappelons également que le rôle de la psyché maternelle étant d'accueillir en elle, pour les transformer, les éprouvés corporels du bébé, elle les colore à sa façon et c'est sur cette base que se font les premières introjections. L'enfant qui parle, dispose pour s'exprimer de mots, d'images et d'affects. Les deux sont toujours présents. Dans les troubles névrotiques, affects et représentations sont coupés l'un de l'autre, ce qui représente une réelle difficulté dans la vie affective et relationnelle. L'angoisse serait ce qui reste de l'affect réprimé et coupé de la représentation d'origine. Le traitement analytique met tout en œuvre pour qu'affects et représentations se rejoignent.

Reconnaître et nommer les affects qui circulent en soi en permanence à un niveau préconscient n'est pas chose aisée, même après des années de thérapie. Dans les moments de conflit, en couple ou en famille, certaines personnes sont capables de nommer les affects et les représentations qui affluent à la conscience, ce qui est la meilleure voie d'élaboration des conflits interpersonnels. D'autres en sont incapables et préfèrent réprimer les émotions qui, surgissant des profondeurs de leur monde interne, reviennent les tourmenter à travers la situation conflictuelle d'aujourd'hui, sans qu'ils puissent les exprimer, ce qui serait libérateur pour tout le monde. Ainsi l'aide d'un psychothérapeute au moment d'une crise conjugale permet d'élaborer les divers éléments sur lesquels repose le conflit et de libérer les affects et les émotions qui y sont liés.

L'expérience prouve que parmi les couples qui consultent pour des crises répétitives et apparemment sans issue (« nous sommes incapables de communiquer, nous ne nous comprenons pas »), la plupart sont pris dans des malentendus d'autant plus difficiles à élaborer qu'ils sont infiltrés de messages parentaux rendus inaccessibles du fait de non-dits, concernant des drames familiaux vécus jadis et tenus secrets.

Un enfant pris dans ce genre de tourmente peut vivre une expérience d'autant plus traumatique que son désir naturel de savoir et de comprendre se heurte à un silence qui prend valeur d'interdit. Le contenu affectif de l'expérience de l'enfant, terrorisé par des gestes impulsifs violents, des regards ou des paroles menaçantes, des attitudes énigmatiques exprimant la mésentente conjugale ou une souffrance non symbolisée, peut alors se séparer de la scène traumatique dont il a été le témoin. La frayeur ressentie et réprimée peut alors chercher à se libérer à travers une instabilité corporelle plus ou moins grave ou des passages à l'acte (souvent impossibles à décoder pour son entourage), son corps restant le lieu de manifestations motrices, impulsives et incontrôlables. Le moment du passage à l'acte reste souvent totalement imprévisible. Il suffit qu'un élément surgisse dans la réalité extérieure ou dans la vie émotionnelle du sujet pour qu'un passage à l'acte se produise libérant l'affect réprimé.

Les affects qui sous-tendent les actes impulsifs, sont de l'ordre de la culpabilité, du remords, de la honte, voire de l'effroi, diversement intriqués. Le plus souvent les patients semblent n'avoir aucune conscience des mobiles profonds qui les rendent impulsifs et violents dans certaines circonstances.

Les raisons mises en avant pour justifier l'explosion d'une colère sont la plupart du temps des petits faits et gestes sans importance. Il faudra des mois de travail en couple pour les aider à nommer la culpabilité ou la honte qui les habitait avant que ne surgisse la colère, mais dont ils n'avaient pas vraiment conscience.

Un père de famille humilié par un supérieur dans son travail peut, de retour chez lui, se surprendre à humilier à son tour ses enfants pour un petit fait sans importance. Dans son for intérieur, mais dans l'après-coup, il se sent devenir un père honteux. Il faudra des mois de consultation pour qu'il prenne conscience de sa difficulté à s'occuper de ses enfants sans s'énerver et de sa culpabilité. Il n'est pas rare, qu'à travers sa relation à ses enfants se réveille le souvenir d'un père sévère, dont les reproches l'humiliaient au point de perdre confiance en lui et de se sentir rejeté. La culpabilité est, en effet, souvent du registre œdipien, en lien à des sentiments de rivalité que renforce par exemple le désir de voir disparaître un gêneur, père, frère ou petite sœur.

La honte est du registre narcissique : *Moi idéal* blessé, et *Surmoi* écrasant le *Moi* de ses reproches. Dans les couples violents, les reproches sont ressentis comme des attaques visant à détruire l'estime de soi, alors que ce n'est pas forcément le cas. Dans ce contexte, une simple remarque peut suffire à réveiller une blessure, le passage à l'acte permet alors à l'affect lié à la blessure de se libérer.

Pour Gérard Bonnet, le remords ne suit pas l'acte, il le précède. Le tourment du remords brise le *Moi.* Dans l'histoire des sujets structurés autour du passage à l'acte, on retrouve souvent une image de père déchu ou exclu, rendant impossible à l'enfant de s'identifier à lui, d'où le remords. Un exhibitionniste, ou un voyeur, qui passe à l'acte renvoie sur un autre le remords qui le tourmente. La libération, par projection de l'affect est alors source de jouissance.

L'effroi est un affect qui désintègre le *Moi.* Il peut se produire lorsque le sujet est soumis à une situation violente sans y avoir été préparé, accident mortel, opération d'urgence, viol par exemple. Pour peu que le non-dit soit lié à un secret, il y a rupture dans la représentation de soi. Ces affects une fois réprimés, les représentations vidées de leur charge émotionnelle, il suffira, un jour ou l'autre, d'un détail venu de l'extérieur ou d'une émotion venue de l'intérieur, pour que soit mobilisé ce qui a été mis de côté. Un moyen de s'en libérer peut être parfois de l'infliger à d'autres. Le mieux est d'aider ces sujets à s'en libérer en utilisant la voie de l'imaginaire qu'est le fantasme. Si les mots sont si souvent absents, c'est justement à cause de l'effet de sidération qui accompagne l'effroi. Selon Lacan, l'effroi en se libérant produit une jouissance inouïe, suprême, impensable.

Le couple, étant donné le niveau d'intimité où se structure le lien, semble réunir toutes les conditions susceptibles de favoriser la mobilisation des affects réprimés.

Cette charge émotionnelle « vacante », peut aussi se fixer sur la relation parents-enfants, devenant source d'agressivité et de violence. Il arrive également qu'inconsciemment elle soit déléguée à un enfant, et qu'elle se joue au sein de la fratrie ou à l'extérieur. Nous avons tous le souvenir de ces enfants « vilain canard » de la famille. Ces affects se libèrent en mobilisant souvent une certaine charge d'agressivité, qui en elle-même est pénible à recevoir, parfois fait peur, ce qui souvent annule le message dont l'affect est porteur.

Selon Freud, l'agressivité chez l'enfant est souvent une réponse aux frustrations que lui inflige l'environnement. L'éducation aide en principe l'enfant à neutraliser ses tendances agressives pour obéir aux parents et plus encore garder leur amour. Devenu adulte, lorsque l'agressivité insuffisamment régulée à travers l'éducation, resurgit dans la relation conjugale en présence des enfants, elle peut engendrer chez eux culpabilité, honte, voire même si elle est associée à la violence de l'effroi. On se souvient de ce que Daniel disait en parlant de leur crise de couple face aux enfants : « Dans ces moments là, tout le monde crie et pleure en même temps ! »

Soulignons une fois encore l'effet néfaste de l'effacement de la différence des générations. Lorsque les parents, pris dans la tourmente perdent leur place, les enfants aussi perdent la leur. Dans ce cas là, angoissés, les enfants peuvent envoyer aux parents un message, aux parents d'y être attentifs. Voici une illustration différente, axée principalement sur les failles de transmission de l'histoire familiale, d'une génération à l'autre.

Nous avons déjà évoqué les méfaits des secrets de famille, ici il s'agit plutôt de non-dits, mais la conséquence est la même : arrêt dans la permission et la capacité de penser, et d'exprimer ce que l'on ressent. Pour se représenter son histoire, il faut la connaître suffisamment pour la mentaliser, la penser et la transmettre à ses descendants. Hélas, ce que l'on ne peut ni se représenter ni imaginer de l'histoire des parents, reste néanmoins générateur d'émotions, d'affects, qui eux ne demandent qu'à surgir le jour où ils le peuvent, et le couple par son haut degré d'intimité en est vite le lieu d'élection.

Ainsi, Pierre et Carole se connaissent depuis une dizaine d'années, ont trois enfants, se disent très attachés l'un à l'autre, mais se plaignent d'une grande difficulté à communiquer à tous les niveaux. Travaillant tous les deux, ils appréhendent l'arrivée du week-end sachant que, pour un rien, ils vont s'accrocher et ne pas se comprendre.

Dès que la tension monte, Pierre ayant du mal à se contrôler devient violent, surtout avec les enfants, ce qui leur fait très peur à tous. Ils ont essayé, pour y remédier, de multiplier les activités extérieures, différentes pour chacun, mais une forme de solitude douloureuse s'installe alors qui augmente leur insatisfaction, donc la tension qui règne entre eux en permanence. En fait, si Carole est si attirée vers ses activités extérieures, c'est qu'elle y retrouve un ami avec qui elle vit une relation amoureuse qui semble lui apporter un bonheur qu'elle ne trouve pas autrement et dont elle affirme ne pas pouvoir se passer. Mais Pierre en souffre, et supporte de plus en plus mal une situation qui s'avère répétitive. En effet, il y a quelques années, ils se sont séparés pour la même raison. Carole, pensant avoir rencontré l'homme de sa vie, a tout quitté pour le suivre et quelques mois plus tard revenait auprès de Pierre ayant été abandonnée par son amant.

Pierre ne supporte plus de « jouer les consolateurs », mais il continue à croire que le bonheur recherché par sa femme est dans le couple et la famille, non à l'extérieur. Carole ne l'entend pas ainsi et avoue ne pas pouvoir se passer de cette autre part de sa vie : elle est « faite comme cela, n'y peut rien », et revendique son droit à être heureuse ainsi.

Ils sont d'accord pour venir régulièrement essayer de comprendre leur difficulté à gérer leurs différences et à trouver un équilibre de vie moins précaire pour la famille et plus satisfaisant pour leur couple.

Pierre souligne d'emblée qu'il ne souhaite pas revenir ici sur son enfance douloureuse. Il avait cinq ans lors du divorce de ses parents. Il vécut avec sa mère, voyant rarement son père dont la vie était plus que chaotique, tant sur le plan affectif que sur le plan professionnel et qui finit par mettre fin à ses jours dans des conditions sordides. Adolescent, Pierre fut hospitalisé pour anorexie grave. Des thérapies pour parler de sa souffrance, il en fit à plusieurs reprises, et ne sait pas aujourd'hui si cela l'a aidé, mais ce dont il est certain c'est qu'il s'en est sorti le jour où il l'a décidé. Carole par contre évoque une enfance banale au sein d'une famille « comme tout le monde ».

Ils vinrent régulièrement pendant plusieurs mois. Carole semblait incapable de renoncer à la liberté que lui apportaient ses activités extérieures, tout en essayant de rester très présente à la maison. Finalement, l'ami de Carole ayant rompu, le calme revint en apparence au sein du couple. Pierre changea de travail et devant partir souvent en déplacement, ils décidèrent de cesser les entretiens.

En réalité rien n'avait été exploré en profondeur, ni les idylles répétitives de Carole, ni l'instabilité professionnelle de Pierre qui ne supportait pas de rester plusieurs mois dans le même travail. Deux ans plus tard, ils reprennent rendez-vous. Carole a de nouveau un amant et cette fois ose évoquer la possibilité d'une séparation. Pierre est effondré et demande avec innocence à Carole de « lui dire clairement ce qu'elle attend de lui pour essayer d'y correspondre ! ».

Mais cette fois la souffrance alterne avec la colère : « J'ai connu cela merci. Je souhaite autre chose pour nos enfants ! » Devant le ton sans réplique de Pierre, Carole s'efforce de réinvestir le couple et la famille, tout en continuant une double vie qui la déchire, mais à laquelle elle ne peut renoncer. Ce couple, mais aussi la thérapie, semblent donc structurés dans une succession de ruptures et de retrouvailles.

Cette fois nous sommes d'accord sur la nécessité d'un travail qui pourrait explorer d'autres dimensions de leur relation, entre autres les liens avec leur histoire familiale. Devant la souffrance du couple et leur difficulté à parler d'eux autrement qu'à travers les petits faits quotidiens qui font monter la tension entre eux, je profite de l'évocation par Pierre de sa réticence et de sa difficulté à parler avec leurs enfants, car il les sent inquiets, pour proposer de construire ensemble un *génogramme*[2].

Pierre, toujours hésitant à évoquer le passé, laisse commencer Carole qui, elle, semble très motivée par cette expérience. Comme souvent, les séances qui suivent sont très riches, c'est une véritable moisson de faits inconnus jusqu'alors. C'est aussi l'occasion en se souvenant d'exprimer des émotions, de mettre en évidence des non dits. Une autre Carole se fait alors jour, *l'enfant triste*, angoissée par une mère dépressive, repliée sur elle-même, en proie à des tourments dont elle ne veut ou ne peut, rien dire. Carole sait néanmoins que sa mère a été orpheline très jeune d'une mère *merveilleuse*, devenue veuve très tôt du fait de la guerre. Du mariage de ses parents, Carole ne sait pas grand chose. Sa mère aurait connu quelqu'un d'autre, mais étant déjà mère, aurait choisi de rester fidèle. Sa dépression est-elle en écho à ces deuils difficiles, pourquoi pas ? De son père, Carole souligne qu'il était séduisant et souvent absent, parce que très pris par ses activités extérieures : « À la maison chacun vivait de son côté et on ne se parlait pas », concluait Carole.

Du coté de Pierre, certaines précisions sont éclairantes.

Son grand-père, qu'il aimait bien, mais voyait peu et dont l'affection a éclairé de temps à autre sa triste enfance, aurait été hospitalisé plusieurs fois en psychia-

2. Le génogramme est un arbre généalogique des conjoints sur lequel on leur demande d'indiquer les événements qui les ont marqués affectivement. Le thérapeute est plus attentif aux manifestations émotionnelles qui surgissent à l'évocation d'un événement qu'à sa réalité même.

trie et serait mort ruiné. Sur la fin de sa vie, il ne restait pas en place et avait de longs moments d'amnésie.

Les médecins le disaient irresponsable de ses errances « car souffrant d'un désordre mental », dont Pierre ne se rappelle pas le nom, mais qui le poussait sans cesse dans de nouvelles aventures en oubliant qui il avait été avant. Il mourut laissant de lourdes dettes, dont le père de Pierre, aurait hérité. Ecrasé par elles, ce père déjà dépressif, aurait mis fin à ses jours d'une façon atroce.

Après de petites vacances, la situation est toujours aussi confuse entre eux, mais Carole souligne que les enfants ont posé plein de questions, entre autres sur la mort de leur grand-père, et que le travail des dernières séances, leur a permis d'y répondre avec loyauté, sans trop d'hésitations. Une fois de plus, nous observons que le jour où les enfants sentent que les parents sont prêts à répondre à leurs questions, ils osent les poser. Désormais, par petites touches les enfants vont envoyer des messages à leurs parents, et ceux-ci vont les entendre, même si cela les dérange. De son côté, Carole aussi peut maintenant parler plus facilement de son enfance. On se moquait d'elle car elle était grosse et portait « de vilaines lunettes ».

Très jeune, pense-t-elle, la réalité de la vie lui apparaissait trop dure et pour s'en évader, elle n'avait de cesse d'aller hors de chez elle sous mille prétextes, afin de fuir la vie de famille qui lui paraissait trop triste et qu'elle refusait.

C'est avec des flots de larmes qu'arrivent ces aveux, qui font dire à Pierre qu'il ignorait tout des tourments d'enfance de Carole. Il se demande avec inquiétude si, aujourd'hui, leur famille et leur couple ne reproduisent pas cet univers familial qu'enfant elle fuyait. J'associe sur cette représentation de Carole petite fille fuyant le monde des adultes, et je leur en fait part. Avoir peur de grandir, évoque pour moi la petite Wendy du conte pour enfant qui se laissait emmener par Peter Pan loin du monde des grandes personnes. Mais précise le conte, lorsque l'on s'envole au jardin imaginaire, il est difficile d'en revenir. En moi-même, je comprends aussi pourquoi ses amours se terminent toujours mal.

Ceux qu'elle croit être des pères séducteurs et protecteurs sont en même temps des « capitaine Crochet », qui la font souffrir. Pierre est fasciné par les aventures de Carole. Y retrouverait-il l'écho de la vie dissolue de son propre père, et les émotions (voire la jouissance) trop vite réprimées, qui à l'époque l'ont envahi ? Le seul souvenir agréable qu'il ait de son père c'est lorsque celui-ci se mettait à parler de lui : « Je l'aurai écouté pendant des heures, mais il partait et je savais que ce serait pour longtemps. »

À deux reprises au cours de la thérapie, Pierre menaça de se suicider. Chaque fois ce fut lorsque, chez eux, Carole évoquait la possibilité d'une séparation. En séance, ce fut repris et, sur ma proposition faite à Pierre de nommer les affects qui l'envahissent dans un tel moment, il évoqua une impression de se dissoudre, comme si tout en lui s'effondrait.

Il avait exprimé à plusieurs reprises qu'avant de rencontrer Carole, il ne savait pas qui il était, car en lui c'était vide. Depuis qu'ils vivent ensemble, il essaye d'être quelqu'un, et dans cet effort désespéré pour exister, il accumule les diplômes supérieurs, comme si enfin il allait se sentir être quelqu'un pour de bon. Mais, confronté à la vie relationnelle des entreprises et aux responsabilités inhérentes aux postes qu'il occupe, la panique s'empare de lui et, pour couper court à cet envahissement par l'angoisse, il décide de changer de travail.

Ce vide interne, renvoie probablement aux effets d'une relation primitive mère/bébé, très déficiente du fait de la dépression maternelle, compromettant la qualité des introjections. Pierre ne sait pas grand chose de sa mère. Il a très peu connu ses grands-parents maternels, et sa mère ne parlait de son enfance que de façon allusive et négative, laissant soupçonner qu'un oncle aurait abusé d'elle petite fille.

Entre les non-dits et les secrets, le génogramme dévoile bon nombre de ruptures dans la transmission de l'histoire familiale, ce qui suffit à empêcher chez un enfant le processus de subjectivation, indispensable à la construction de l'identité.

On constate que, si Pierre s'en est à peu près sorti socialement en réprimant énergiquement émotions et affects, il se trouve en grande difficulté pour tenir sa place d'amant et de père, la réalité de la vie familiale réveillant sans cesse ce qui jadis fut réprimé. Nous pouvons voir que derrière les colères et les passages à l'acte de Pierre, tous les affects précités sont là :
- culpabilité œdipienne d'un enfant demeuré seul avec sa mère, la voyant malheureuse ;
- honte de la vie désordonnée de son père et des outrages subis par sa mère ;
- remords de devoir intérioriser une histoire familiale infiltrée de non dits, voire de secrets ou de mensonges ;
- effroi face au suicide paternel.

En cours de thérapie, Carole déprima sévèrement. Il lui fallut un traitement pour l'aider et parallèlement d'elle-même elle commença une thérapie personnelle. Chez elle aussi, d'importants affects ont pu émerger :

- culpabilité œdipienne autour de son choix impulsif de prendre comme amants des hommes de l'âge de son père ;
- honte de voir une mère déprimée qui se laisse aller en se repliant sur elle-même.

En séance Carole alterna de la dépression à l'euphorie maniaque : « il suffit que j'arrive dans la vie d'un homme pour que tout se mette à aller bien pour lui ». Lors d'une séance, ce thème fut travaillé, comme étant à la base de leur amour. Tel Pygmalion, Carole devait « par son amour faire de Pierre quelqu'un d'extraordinaire ». Compte tenu de la souffrance de Pierre, on comprend qu'il ait vu en Carole un maître d'œuvre. Toutefois, elle-même, dans ses accès dépressifs, semble ne plus savoir qui elle est, se montre prostrée, comme identifiée à sa mère. Chacun semble donc enfermé dans son histoire, tout en agissant en partie sur l'histoire de l'autre, dans un véritable charivari d'affects et de représentations.

La plongée dépressive de Carole eut un effet bénéfique sur Pierre qui évoqua pour la première fois la reprise (projet personnel, cette fois) d'une thérapie. Un travail de deuil de l'effet de toute puissance de l'amour devenait possible, amorçant cette fois un début d'individuation de chacun au sein du couple. Pour la première fois, Pierre cherchait en lui-même, via sa thérapie individuelle, les bases de son identité, dans un effort de subjectivation afin de s'approprier son histoire. Nous en étions là, à la veille des grandes vacances. La date de la reprise de la thérapie du couple en septembre devait être précisée lors de la dernière séance. D'habitude c'est déjà convenu, cette fois je me trouvais devant le faire à la dernière minute : acte manqué de ma part ? Probablement.

Toujours est-il que cet entretien n'eut pas lieu, Carole téléphonant la veille pour dire qu'ils ne pourraient pas venir, Pierre ayant un entretien d'embauche à cette heure là. Il n'y avait pas d'autres dates possibles, elle devant partir le lendemain avec ses enfants.

Les vacances se passent et quelques jours avant la rentrée, Carole me téléphone visiblement très inquiète. Pierre venait d'être hospitalisé pour tentative de suicide et elle me demandait de lui téléphoner car elle craignait qu'il ne recommence. Je l'écoute et lui propose de fixer de façon assez proche la reprise des séances. Elle semble hésitante à s'engager pour le couple et m'apprend qu'ils ont décidé, après en avoir longuement parlé pendant les vacances, de se séparer. Je souligne l'importance de continuer le travail en couple et lui propose une date de reprise.

Le jour venu personne n'est là, je laisse passer quelque temps et j'écris au couple, les invitant à reprendre contact et soulignant l'importance de mettre des mots sur ce qui se passe. Pierre m'appelle pour me remercier, me dit en effet qu'ils sont séparés, mais qu'il éprouve le désir de revenir pour essayer de mieux comprendre sa place à lui dans ce couple. Je reformule ma proposition de faire ce travail à trois, Pierre et Carole ayant à continuer séparément le travail de thérapie individuelle commencé avant les vacances.

Pierre me rappelle : Carole confirmant sa décision de divorcer, ne désire plus continuer la thérapie de couple, qui, de ce fait, en restera là.

Cette thérapie illustre la complexité du travail avec les couples habités par de telles problématiques. La dynamique transférentielle est certes riche, mais difficile à élaborer car marquée elle-même d'un trop plein d'affects, et on l'a vu d'actes manqués de la part du thérapeute oubliant de fixer la date pour la reprise des séances.

Si un cadre précis est nécessaire au travail du transfert, il y a intérêt, devant ce type de couple à ne pas le poser trop tôt pour éviter que le symptôme ne s'y fixe d'emblée, rendant difficile un premier travail qui vise à mettre en place un lien thérapeutique fort et vraiment contenant. En effet, sans ce lien, aucun travail d'expression, puis d'élaboration sur les affects réprimés ne pourra se faire. Certes, les affects ont été réprimés jadis, mais la crise qui amène le couple à consulter les mobilise suffisamment pour que l'on puisse être à leur écoute à travers les lapsus, les actes manqués, les rêves par exemple. Nous avons précisé que, comme la pulsion, les affects peuvent s'inverser et se retourner. La connaissance de ce mécanisme permet de mieux saisir la psychologie des patients, et de percevoir leurs efforts pour sortir de leurs complexes d'enfant et continuer leur propre maturation.

Ainsi l'affect de honte éprouvé par Carole petite fille parce qu'elle se trouvait boulotte et mal coiffée, s'est trouvé inversé dans son besoin de séduire, et libéré dans la jouissance à se regarder dans les yeux des hommes qu'elle séduisait. La honte de Pierre d'être un « sans famille », se trouve retournée dans son besoin à constituer une vraie famille, d'où l'horreur qui s'emparait de lui à l'idée que Carole le quitte.

Parmi les affects perceptibles dans mes propres mouvements contre-transférentiels [3] vis-à-vis de Pierre, il en

3. Contre-transfert : on entend par contre-transfert, l'ensemble de

est un qui s'imposa à moi dès les premières consultations, c'est une admiration sans limite devant ce qu'était devenu Pierre malgré une enfance aussi éprouvante.

La façon dont il arrivait à parler de sa souffrance me mobilisait profondément, ce qui m'a aidé certainement à les écouter. À travers moi, dans le transfert, l'affect de honte et d'humiliation qui habitait Pierre s'inversait en fierté. Je pris conscience de cet aspect de mon contre-transfert au cours d'une conférence sur le couple en m'entendant dire, alors que je pensais à ce patient : « Il m'arrive d'admirer certains patients qui continuent à lutter pour vivre, malgré leur tragique histoire. »

Fascination à écouter certains patients et plaisir à en parler seraient donc un moyen d'élaborer les affects réprimés dont le lien thérapeutique est le support. À l'évidence ce miroir valorisant devait aider Pierre à exister par lui même, indépendamment de Carole.

En quoi l'évolution de ce couple, permet-elle de voir dans cette dynamique du « pousse à l'acte », un moyen de passer de la répétition mortifère à une répétition liante, la mise en acte devenant, grâce au travail thérapeutique, une voie d'élaboration possible pour chacun ?

Nous avons vu comment l'un et l'autre sont liés par un symptôme : en passer par l'autre pour rejouer les scénarios traumatiques de leur enfance. Carole est poussée hors du couple et de la famille pour échapper à la morosité angoissante qu'elle y ressent : « Je n'y peux rien,

pensées, émotions, réactions, conscientes et inconscientes, suscitées chez le thérapeute en lien avec ce qui est exprimé, par le ou les patients, mais aussi en écho à ce qu'ils sont et ont vécu dans leur enfance.

prends-moi comme cela, j'en ai besoin pour me sentir vivante ! » Pierre quitte alors son mutisme dépressif, montre sa souffrance et supplie Carole de revenir en réaffirmant la valeur de la fidélité conjugale comme base de la famille. L'euphorie amoureuse passée, Carole revient et le couple repart pour un temps.

Lorsque la répétition ne débouche plus sur une tentative d'élaboration au sein du couple, de façon à réaménager un tant soit peu la relation en son sein, elle génère de la violence et devient mortifère. C'est ce qui les amena en consultation.

Le travail thérapeutique les aide à prendre conscience que, ce qui se passe entre eux de façon répétitive, est partiellement lié à leur passé. Cependant le symptôme qui a structuré leur couple les aliène si profondément que pour s'en détacher, ils décideront de divorcer et d'arrêter la thérapie de couple.

Espérons que cet arrêt représente une mise en acte, leur permettant de continuer ailleurs et autrement, dans leurs thérapies individuelles entre autres, le travail de subjectivation nécessaire.

Ces dix années en couple leur ont néanmoins permis de sortir de l'adolescence et d'entrer dans la vie adulte. On peut résumer ainsi le chemin parcouru par l'un et l'autre au sein du couple :

Pierre était encore lycéen, et sortait d'une grave anorexie lorsqu'il a rencontré Carole, nettement plus âgée que lui. L'amour inespéré qu'elle lui offre le transforme : « Quand tu es là, ce vide affreux au cœur de moi disparaît. »

Pierre mena à bien des études supérieures et devient père. Mais il reste très en difficulté pour parler de lui, et n'arrive pas à gérer ses angoisses. Pour lutter contre une dépression qui l'habite en permanence, il entreprend sans cesse de nouvelles formations et reste très instable dans son travail. Si ses diplômes lui assurent un bon salaire et exorcisent la précarité qui avait fait sombrer les hommes de sa famille, il n'a aucune confiance en lui et les relations affectives familiales l'angoissent énormément. Néanmoins, il exorcise son enfance solitaire en réaffirmant en permanence la valeur de la fidélité conjugale comme source de stabilité familiale. À sa façon, il restaure l'image de sa mère dévalorisée par les infidélités, et les errances conjugales. Néanmoins, il reste hanté par le spectre du suicide paternel et les infidélités de Carole déclenchent des *acting out*[4] suicidaires répétitifs.

Carole aussi sans en avoir conscience lutte contre la mort et la dépression. Lorsqu'elle évoque sa difficulté à compter le nombre de ses amants, elle met en évidence un pôle défensif maniaque, et c'est le travail sur la nature de leur relation de couple qui met en évidence le pôle dépressif de sa structure de personnalité. Ses conquêtes exorcisent à la fois l'image de la petite fille ingrate et l'insoutenable représentation maternelle dépressive, ayant perdu le goût de vivre du fait des infidélités conjugales.

Les hommes qu'elle séduit sont âgés, ce qui évoque le fantasme de retenir le père, et de restaurer le couple parental. Malgré cela, pour elle aussi, la mort semble rôder. Elle a régulièrement des accidents de voiture

4. *Acting out :* « Terme employé en psychanalyse pour désigner les actions présentant le plus souvent un caractère significatif relativement en rupture avec les systèmes de motivation habituels du sujet », *Le vocabulaire de la psychanalyse*, Laplanche et Pontalis.

graves, dont elle sort par miracle, des cauchemars dont elle a du mal à parler, et parfois des crises de boulimie.

Au cours de la thérapie, les enfants à leur façon prennent place dans ce théâtre familial. Ils manifestent leur intérêt pour ce qu'ont vécu leurs parents, leurs grands-parents, et sont prêts à en savoir davantage sur leur histoire. Ils ont conscience que leur parents ne s'entendent pas et traversent des moments difficiles. Sans doute ont-ils eux aussi peur de l'avenir. Ainsi, l'un d'eux, lorsqu'il écrit un message à sa mère, le signe de figures macabres, et un autre manque de se faire écraser en traversant la rue au cours d'une promenade en famille.

Il arrive en effet que les enfants, sentant le profond malaise des parents, mettent en acte un fantasme inconscient, obligeant ceux-ci à en prendre conscience. L'incident rapporté en séance ouvrit une longue réflexion sur leurs difficultés à exercer ensemble leur métier de parents tout en continuant un chemin de maturation personnelle.

La thérapie de couple leur aura permis de délier leurs destinées l'une de l'autre, de s'approprier leur histoire et de se situer individuellement face à l'avenir. Il semble en effet que si le travail de deuil de la toute puissance de l'amour leur a permis de sortir d'un lien aliénant, il a en même temps sonné le glas de la relation de couple.

Néanmoins, ils auront à continuer à élaborer ce qu'ensemble ils ont vécu, ne serait-ce que pour aider leurs enfants à ne pas en porter le poids. L'exemple de Pierre et Carole permet de voir en quoi les épreuves que traversent un couple, aussi douloureuses soient-elles, peuvent représenter en même temps pour chacun d'eux une voie de maturation personnelle. Boris Cyrulnik a longuement développé ce thème dans son dernier ouvrage, d'où le titre *un merveilleux malheur*[5].

Pour lui, il n'existe pas de déterminisme psychologique absolu, tant la nature humaine a de ressources. Le processus par lequel la spirale mortifère s'arrête pour que la vie reprenne, et redevienne créatrice par des voies différentes, il le nomme *résilience*. Il souligne l'importance de plusieurs facteurs, que les thérapeutes de couple et de famille découvrent également à partir de leur pratique :

- la nécessité de se trouver à un moment face à la vérité de son histoire, et l'accepter ;
- avoir la capacité de se projeter dans l'avenir afin de se construire un projet de vie et à partir de ce projet, laisser sa place à l'imaginaire ;
- l'importance de trouver sur son chemin une main tendue, une écoute affectueuse, une personne qui vous aime et s'intéresse à vous en tant que sujet.

Dans l'histoire de Pierre, il apparaît clairement que son anorexie prit fin le jour où il décida de s'en sortir. Même s'il ne parle pas des aides thérapeutiques qui se trouvèrent sur son chemin, elles y étaient. Enfin, il rencontre Carole et l'amour qu'elle lui propose, ouvre pour lui un nouveau chemin, avec des projets et des rêves.

Carole, nous l'avons souligné, bien avant de rencontrer Pierre, avait réussi à restaurer l'image d'elle petite fille en découvrant le pouvoir de ses charmes dans les yeux de ses amants. Néanmoins, cet aspect défensif de sa séduction en faisait un besoin. On le sait le besoin, dès lors qu'il s'inscrit dans une dynamique régressive, échappe au *self control*, devient prégnant et générateur d'angoisse.

5. Boris Cyrulnik, *Un merveilleux malheur.*

Les couples structurés autour d'une faille narcissique importante sont plus enclins que d'autres, du fait de la grande immaturité de leur organisation psychique, à structurer leur relation autour de scénarios impulsifs, répétitifs et sans issue, dans lesquels chacun met en acte quelque chose qui fait collusion avec l'histoire de l'autre, que parfois ils ignorent. Dans ces couples, aux personnalités peu individualisées, il arrive fréquemment que chacun parle, non pas à la place de l'autre mais comme s'il était l'autre, tant les frontières du moi de chacun sont floues. Cette sorte de *porosité* du moi favorise sans doute cette dynamique du pousse à l'acte.

Dans ces couples souvent fusionnels, l'autre, étant objet de besoin, est à la fois indispensable et perçu comme un danger. Il s'en suit une relation oscillant entre l'étreinte passionnelle et le rejet, c'est-à-dire dominée par l'impulsivité, le déni de la réalité et la difficulté d'une mise en mots ordonnée par la pensée.

Entre Pierre et Carole, on voit le moment où ce qui a permis au processus de résilience de s'enclencher ne suffit plus. Un certain déni de la réalité de la vie quotidienne du couple a lâché sous l'effet des conflits. L'angoisse qui a surgi sous la pression des scénarios infantiles *non élaborés*, précipite alors le couple dans une spirale mortifère. En effet, dans la représentation idéalisée et fusionnelle de l'amour, les conflits, manifestations normales des multiples différences qui structurent une relation de couple, n'ont pas de place. Ce qu'il y aurait à se dire au quotidien étant réprimé, parce que menaçant l'harmonie du couple, la relation se trouve vite envahie par des tensions et de l'agressivité. « À force de ne rien dire, un jour ça éclate ! »

Exprimer ses mouvements agressifs, ne pas se sentir en danger à l'expression de ceux des autres, est une des conditions pour que le sujet puisse nouer des liens solides et structurants avec ses proches. C'est aussi vrai pour les enfants que pour les adultes.

Que de couples achoppent devant l'irruption de l'agressivité dès qu'ils font le projet de vivre ensemble. Être à même de gérer l'agressivité dans son rapport à l'autre est un signe de maturité et de bon équilibre narcissique. C'est à l'évidence au sein de sa famille et de sa fratrie, lorsqu'elle existe, que cela s'apprend. Les manifestations agressives chez l'enfant, une fois décodées, s'inscriront dans une histoire familiale en train de se construire. Dans un couple, il faudra prendre le temps d'analyser de nombreuses crises pour aider les patients à repérer ce qui, de l'histoire de l'autre restée non-dite se répète dans leur propre comportement.

Une crise dépassée, parce que bien replacée dans le contexte personnel de chacun, débouche sur une relance possible du processus de résilience. Soulignons une fois encore l'irremplaçable effet d'un véritable dialogue. Sans ce dialogue ouvert entre soi et l'autre, la répétitivité des scénarios inconscients s'installe et le processus de résilience est compromis.

Heureusement, la plupart des couples aujourd'hui, à l'aise avec la parole, sont capables de réguler de temps en temps la conflictualité qui circule entre eux sans attendre que les choses s'aggravent. Même si les enfants sentent ces tensions et entendent quelques éclats, s'ils sont témoins que l'entente perdue un moment peut être retrouvée, cela les rassure énormément. À l'inverse de l'exemple précédent, ils s'aventureront dans l'amour en sachant que l'on est différents, que cela engendre tensions et moments de mésententes, mais que cela n'empêche pas la vie de couple d'être féconde et source de joies. En un mot, que crises ou conflits n'empêchent ni l'amour, ni le respect de l'autre, ni le désir de pardonner et la capacité de se réconcilier. Ainsi cette jeune fille qui hésitait avant de s'engager dans une relation amoureuse, parce que, disait-elle, « une vie c'est long ! » et qui finalement concluait : « J'ai vu mes parents certains jours avoir des tensions entre eux. La vie les a éprouvés comme les autres, mais finalement ils ont fait face ensemble et ont su être heureux. Vivre en couple, cela en vaut la peine ! »

Quand les parents méritent le tableau d'honneur, qu'en est-il de leurs enfants ?

Clara est ingénieur, elle a 29 ans et consulte pour savoir si le garçon dont elle partage la vie depuis plusieurs années est bien *l'homme qu'il lui faut.* Ils se sont connus dans un club de sport, alors qu'ils terminaient leurs études. Issus de milieux différents, mais réunis par de multiples goûts communs, il se mirent peu à peu à vivre ensemble. Autour d'eux, on les enviait trouvant qu'ils allaient bien ensemble et Clara en tirait une certaine fierté. Aujourd'hui, bien inséré au plan professionnel, Vincent presse Clara de fonder une famille.

À l'idée de s'engager pour la vie, Clara bloque, et se met à passer en revue tout ce qui ne va pas chez Vincent. Alors elle angoisse, n'en dort plus, n'ose en parler à personne autour d'elle, surtout pas à sa famille, et pourtant quand elle a un problème c'est vers eux que d'habitude elle se tourne.

Elle est l'aînée de deux sœurs avec lesquelles elle s'entend bien. Ses parents, tout en travaillant, ont toujours été proches de leurs enfants. Entre eux, pas de problèmes, lorsque quelque chose ne va pas, on en parle et la bonne humeur revient vite. Pareil avec les enfants, si bêtise il y a, l'important est de la réparer, afin que continue cette complicité chaleureuse que chacun apprécie. Enfant studieuse, Clara fut vite un exemple pour les autres, mais curieusement lorsqu'elle quitta la maison pour faire ses études, c'est elle qui en souffrit le plus. À tel point qu'à tour de rôle, ses sœurs ou sa mère s'arrangeait pour venir la voir, lui porter une chose ou une autre, de façon à lui prouver que tout le monde pensait à elle. Elle a tout à fait conscience du havre de paix que représente encore aujourd'hui sa famille, et que s'engager avec Vincent c'est y renoncer.

Dans la famille de Vincent c'est le contraire, ils sont deux garçons et chacun vit de son côté sans se soucier des autres.

Travaillant tous deux, les parents les ont habitués de bonne heure à se débrouiller seuls et lorsque la famille se trouve réunie, ce qui est rare, les échanges sont pauvres. Chez eux, on ne se parle pas, mais Vincent ne semble pas en avoir souffert. Par contre, Clara n'est pas à l'aise chez Vincent. Lorsqu'il vient chez elle et qu'elle tente de le mettre à l'aise, c'est elle qui ne l'est pas. Ses sœurs du reste ne se privent pas de le souligner et d'ajouter que pour elles il sera toujours un étranger. Ses parents la laissent libre de ses choix comme ils l'ont toujours fait, mais elle sait qu'ils auraient préféré quelqu'un d'autre pour elle, et si en apparence, ils essaient de faire bonne figure devant Vincent quand il est là, dans leur for intérieur ils posent sur lui un regard critique.

Sur le plan sexuel, Clara et Vincent s'entendent bien, mais la forte demande de Vincent dès qu'ils sont ensemble lui donne le sentiment d'être pour lui objet de son désir plus que de son amour. Le troisième point qui est peut-être la véritable source de son ambivalence pour Vincent est la comparaison qu'elle ne peut s'empêcher de faire entre leur couple et celui de ses parents. Lui revient toujours à la mémoire, la présence chaleureuse et rassurante de son père, lorsque sa mère était soucieuse, ou débordée au travail comme à la maison. Elle a beau chercher, elle ne se rappelle pas avoir vu ses parents se heurter à l'incompréhension. Lorsqu'ils n'étaient pas d'accord, ils en parlaient ouvertement et le point étant fait, la bonne humeur revenait. Pour les quitter, elle a besoin de penser qu'avec l'homme de sa vie, ce sera la même chose. Finalement, trop angoissée à l'idée de s'engager dans la durée avec Vincent, elle décide de rompre. Bien que proche de ses trente ans, Clara pose sur le couple un regard encore très infantile. Ce qui chez elle gêne une maturation souhaitable, reste bel et bien une ambiance familiale trop heureuse, et des parents auxquels elle ne trouve rien à redire.

On s'aperçoit que, s'il est important de reconnaître assez de qualités à ses parents pour construire sa personnalité sur des identifications stables, il est également nécessaire de pouvoir les regarder avec leurs défauts pour, le jour venu, les quitter facilement.

Souvenons-nous que dans ses fantasmes, le bébé se fomente l'image d'une « mauvaise mère », qu'il attribue à la sienne pour pouvoir s'en différencier, pour cesser de se percevoir comme une partie d'elle et enfin pour s'en détourner. Alors se structurera, simultanément à leur relation symbiotique, une relation d'altérité. Ce processus se continue à travers les crises de croissance de l'enfant et pouvoir prendre suffisamment de distances avec ses parents constitue un levier pour construire sa vie d'adulte en se sentant à la fois proche et différent d'eux.

CHAPITRE VI

Chacun à sa place

Quand nos conflits les blessent

C'est au cours d'une réflexion avec un groupe de parents sur le pardon dans le couple qu'une maman proposa d'élargir le débat et de réfléchir à la place du pardon dans les relations parents-enfants. Le premier exemple qu'elle proposa, fut la situation de l'enfant pris comme cible de notre énervement : « La gifle donnée, ou la colère exprimée verbalement sans mesure avec la bêtise faite par l'enfant, ou pire encore, s'il n'a rien fait et qu'on l'accuse à tort sans l'avoir laissé s'exprimer. » Un devoir de justice et de réparation s'impose alors.

Avouer notre énervement, notre fatigue, et signifier à l'enfant que, de ce fait, notre contrariété s'est déversée sur lui, c'est important car c'est remettre les choses à leur véritable place. Reconnaître que l'on s'est trompé en l'accusant à tort, c'est réparer la possible blessure qu'on lui a infligée, c'est aussi lui montrer l'importance d'un bon discernement, enfin c'est rétablir une relation de confiance entre lui et nous.

Une autre situation peut aussi se présenter : l'enfant est le témoin extérieur d'un conflit entre ses parents qui ne le regarde pas. Il est alors nécessaire de dire à l'enfant que le motif de l'échange tumultueux dont il fut le témoin ne le concerne pas, et qu'il appartient aux parents de résoudre le problème qui se pose entre eux. Dire que la difficulté est résolue et signifier par un geste, un regard, une parole adressée au conjoint, que l'entente est revenue entre ses parents est également important, c'est lui apprendre sur le tas que s'il arrive d'entrer en conflit, il est possible d'en sortir en s'en donnant les moyens.

Enfin lorsqu'un conflit éclate entre les parents au sujet d'un enfant, il est essentiel d'analyser avec l'enfant le malentendu, de reconnaître sa part de tort pour éviter que cela ne se reproduise. Il peut arriver par exemple qu'une permission soit donnée par un parent à un enfant, sans avoir pris le temps de prendre l'avis de l'autre, et donc sans savoir que celui-ci venait de la refuser. Pour peu que ce ne soit pas la première fois, il va falloir aller au cœur du problème. Peut-être n'est-ce pas souhaitable ou pas possible le jour même, mais le chapitre reste ouvert, il faudra y revenir et cette fois choisir le bon moment.

Autre dérive à éviter : prendre l'enfant comme témoin de la mésentente parentale, ou pire l'utiliser comme confident. Nous en avons parlé précédemment, ce serait le charger d'un poids qu'il n'a pas à porter et lui imposer des représentations qui resteront une source d'angoisses multiples. Devenu adulte et devant s'engager dans une relation de couple, le réveil des confidences et de la douleur/haine dont il a été le dépositaire, pourrait dévier ou inhiber ses choix.

Avoir entendu, enfant, son père ou sa mère expulser sa douleur d'avoir été laissé pour compte par l'autre en proférant des jugements définitifs vis-à-vis de l'autre sexe laissera des traces à l'âge adulte. Ainsi : « toutes les femmes sont des garces ! » ou « tous les hommes sont des salauds ! », peut imprimer des représentations de l'autre sexe génératrices de fantasmes susceptibles de bloquer ou de pervertir le désir sexuel. Frigidité et impuissance, lorsqu'ils n'ont pas de causes organiques, s'enracinent dans des scénarios fantasmatiques, souvent refoulés, ordonnés autour de traumatismes émotionnels de ce genre. Ils peuvent aussi s'ordonner à partir de comportements affectifs parentaux excessifs, où la place de l'enfant n'a pas été respectée. En demandant à son enfant de combler le manque affectif (et parfois sensuel) dont il souffre, le parent sans s'en rendre compte provoque chez l'enfant un excès d'excitation ingérable pour lui.

Même si enfant et plus encore adolescent, il s'en trouve valorisé et s'en sort assez bien en apparence, devenu adulte, il restera marqué d'avoir été dans la réalité (et non seulement dans son fantasme), au cœur du besoin d'amour parental.

Assumer les conséquences de son erreur, s'en excuser auprès de l'enfant, éventuellement lui demander pardon de l'avoir impliqué injustement, c'est garder vis-à-vis de l'enfant sa place de parent. Que selon les cas, cela passe ou non par le pardon, l'important est de ne pas laisser à l'enfant seul, la responsabilité de juger, voir de réparer la relation abîmée.

Cependant, face à un sujet aussi complexe, il ne peut y avoir de réponse simple. Dans le domaine des relations familiales, chaque situation est unique et à ce titre demande à être réfléchie de façon particulière et spécifique. En effet, il convient de distinguer les petites erreurs à portée pédagogique, qui sont souvent le fait d'un parent facilement inquiet et anxieux, d'erreurs beaucoup plus graves, à portée existentielle et éthique. Ainsi obliger un enfant à refuser une invitation chez un camarade, simplement parce que l'on ne peut pas lui faire confiance et que l'on ne sait pas ce qui peut advenir, ne risquera pas de compromettre profondément l'évolution de sa personnalité. Ou encore, contrarier son choix en l'inscrivant à une activité qu'il n'aime pas, même si cette décision le laisse rancunier, l'enjeu n'a rien d'irréversible et peut au moins obliger l'enfant à creuser ses vraies motivations.

Par contre, séduire sexuellement un enfant est une sorte d'infanticide psychique. Cette faute est d'autant plus grave qu'elle est irréversible et marquera à tout jamais l'image qu'il se fait de lui. Même si certains finissent par s'en sortir, ils le paient très cher. On pense à la chanson de Barbara, « Il pleut sur Nantes », qui explique comment des années après, espérant enfin pouvoir pardonner à son père sa conduite incestueuse, elle se précipite à son chevet. Hélas, quand elle arrive il est mort. Néanmoins, en faire une superbe chanson lui permettra, à travers le travail de deuil, de lui pardonner. Une autre artiste, Niky de Saint Phalle, se débarrassera, en sculptant des monstres, de ce que cet affront inscrivit en elle de monstrueux. On le voit, de la petite erreur à la faute grave, l'éventail est large et si, de toutes les façons, le pardon est une démarche positive pour celui qui le donne et celui qui le reçoit, il n'est parfois pas possible dans la réalité.

Les enjeux relationnels du pardon

Dans une approche psychanalytique, lorsque l'on essaye de réfléchir à l'effet que peut produire le pardon dans une relation interpersonnelle, ce qui apparaît clairement c'est sa fonction thérapeutique. En effet, plus encore que le rituel du pardon, c'est sans doute le travail préparatoire auquel il oblige et les chemins qu'il ouvre ensuite, qui en font une étape psychique importance.

Pour bien comprendre les données du problème, il convient de faire quelques rappels.

Du côté des parents : nous avons déjà vu que spontanément dans l'imaginaire des parents se forge la représentation d'un enfant merveilleux.

Chaque fois que s'impose l'enfant réel avec ses défauts, les parents ont tendance à le juger selon les critères de l'enfant merveilleux qui les habite et c'est dans un effort de renoncement à cette image idéalisée de leur l'enfant que la relation à l'enfant réel reprendra sa place dans l'amour des parents et que s'apaiseront les tensions : le pardon peut alors œuvrer, il est profond, sincère, et susceptible d'amorcer une vraie réconciliation.

Du côté des enfants : au moins jusqu'au seuil de leur adolescence, les enfants se font de leurs parents une représentation puissante, voire dangereuse, qui leur fait dire encore à l'âge adulte « je n'aurais jamais osé ! », et qui longtemps les paralyse. Parallèlement, ils se forgent dans leur imaginaire une représentation de parents merveilleux, quitte à se convaincre qu'ils existent ailleurs et qu'ils ne les ont pas encore rencontrés.

Plus l'enfant grandit, plus la réalité de ce que sont ses parents, avec leurs défauts et leurs fragilités, s'impose à lui. Pour lui aussi un renoncement est à faire, face à une réalité incontournable : mes parents sont faillibles, ils peuvent se tromper et souffrir. Ils sont mortels et la sécurité qui m'est nécessaire doit maintenant venir de moi. Mais on peut longtemps jouer sans le savoir un jeu de cache-cache parents/enfants, réel/imaginaire.

Une patiente évoque dans une séance, sa contrariété, face à ce qu'elle appelle l'insouciance de sa fille qui, trop souvent, soit est en retard lorsqu'elles ont rendez-vous, soit ne vient pas, en affirmant qu'elle avait compris une heure différente, un autre lieu, etc. En fait, cette mère souffre dans son for intérieur que sa fille se montre toujours autre que ce qu'elle attend (et espère). Leur histoire est à la fois banale et douloureuse. Bien que la grossesse et l'accouchement aient été difficiles, jusqu'à l'âge de l'école elle fut comblée par cette enfant. Avec l'école, commencèrent les problèmes. Aujourd'hui, cette jeune fille après bien des difficultés devrait terminer ses études et commencer à travailler. Sa mère à la fois lui reproche son immaturité et son manque d'autonomie, mais continue de l'aider aussi souvent qu'elle semble en avoir besoin. D'une part, elle lui en veut de toujours la décevoir, et d'autre part, elle se sent en permanence coupable de la laisser seule et mal armée face (c'est du moins ce qu'elle ressent) à la vie qui l'attend. Pour résumer son ambivalence, elle en veut à sa fille d'être ce qu'elle est, mais se le reproche à elle-même.

Un moment important pour leur relation fut la prise de conscience du déchirement insoutenable qu'elle vivait chaque fois qu'après un agréable moment passé ensemble elles se séparaient. La déchirure est sans doute à situer de son côté, entre l'enfant imaginaire et l'enfant réel, et les rendez-vous trop imprécis semblent également signifier à la mère : « je ne suis pas celle que tu attends ou cesse d'attendre quelqu'un qui ne viendra jamais ». D'une certaine façon, quand le deuil de l'enfant du désir sera accompli, le pardon à l'enfant réel sera simple et les quiproquos inutiles. Cet exemple met en évidence le travail intérieur préalable au pardon. Ce travail intérieur est long et, une fois mis en route, se continue de façon silencieuse, et très progressivement un réaménagement de sa relation se fait. À mesure que progressera la remise en question de soi dans la relation, celle-ci s'en trouvera modifiée et apaisée au point que le rituel du pardon deviendra accessoire.

Osons dire que limiter le pardon à un rituel, passer l'éponge et tourner la page, en évitant tout travail de vérité, pour soi comme pour l'autre, peut ne servir à rien, sinon à enkyster une rancune qui, elle, continuera à faire son chemin et à empoisonner la relation.

L'aspect thérapeutique du pardon, consiste donc à relancer la croissance psychique de l'enfant, mais aussi de l'adulte. Au contraire, les comportements pulsionnels mal contrôlés, la violence déniée parce que mise au compte de l'autre, ainsi que les reproches ruminés et jamais dits ouvertement, renforcent la dépendance parent/enfant, bloquent l'échange, et parfois font régresser. Non seulement le pardon, donné et reçu, ne demande pas d'oublier ce qui s'est passé, mais tout au contraire il donne une place dans la mémoire, aux épreuves traversées ensemble. Un proverbe bien connu nous assure qu'un homme averti en vaut deux. Un homme averti est précisément celui qui garde en mémoire les difficultés rencontrées, car il s'appuie sur l'expérience acquise, et fort de cette expérience mémorisée, il continue son chemin.

Paul Claude Racamier, psychanalyste, après avoir particulièrement étudié les entraves au processus de deuil, nous dit que « la mémoire est sœur du deuil » [1]. Trouver la place que l'on a occupé dans sa propre histoire permet souvent de mieux cerner la sienne dans son couple, ainsi que sa position par rapport aux enfants. D'une certaine façon, les difficultés que l'on rencontre en tant que parent vis-à-vis de nos enfants, nous renvoient à l'enfant que nous avons été.

Non seulement cela n'a rien d'humiliant, mais c'est un clin d'œil de la providence pour nous permettre de remettre sur le métier l'ouvrage de notre propre personnalité. « Vingt fois sur le métier remettez votre ouvrage », nous conseillait déjà Boileau.

Se réconcilier c'est rétablir la communication brisée par un différend quel qu'il soit. Il semble évident qu'une fois que le pardon a fait son travail, la réconciliation va de soi, et de toute façon est grandement facilitée.

Lorsque dans une famille les conflits et les différends n'ont pu ni se clarifier ni se résoudre, ni même se dire ouvertement, il s'ensuit une solitude inéluctable au moment de la vieillesse et de la mort. Or nous savons combien il est important dans une famille que les plus

1. Paul Claude Racamier, *Le génie des origines.*

âgés puissent transmettre aux plus jeunes. Les jeunes en ont besoin et le dialogue entre les générations, lorsque les frontières ont été bien marquées, est un signe de santé dans une famille, tant il est vrai que le futur pour les enfants se pense dans le présent en s'appuyant sur le passé.

Notre conclusion pourrait tenir en un seul mot, « élever » qui, pris dans son sens étymologique, signifie « porter plus haut ». Élever nos enfants c'est donc les porter plus haut, leur permettre de grandir, ce qui bien évidemment sous-entend « grandir avec eux et par eux », ce qui sous-entend oser quand il le faut affronter courageusement nos propres dénis.

Qu'il s'agisse des relations parents-enfants ou des relations amoureuses, idéaliser à l'excès ces relations fondamentales, c'est en même temps les fragiliser. Tout donner, s'oublier pour rester à tout moment disponible à l'autre est à coup sûr un danger pour l'équilibre personnel. Le risque est en effet de laisser s'installer entre l'autre et soi une relation tyrannique et immature fondée sur l'illusion souvent tenace selon laquelle aimer c'est combler l'autre et s'attendre en retour à être comblé par lui.

Bibliographie

Bruno BETTELHEIM, *Pour être des parents acceptables*, Robert Laffont, Paris, 1987.

Gérard BONNET, *L'irrésistible pouvoir du sexe*, Payot, Paris, 2001.

Jacques CHARDONNE, *Les destinées sentimentales*, Albin Michel, Paris, 1953.

Boris CYRULNIK, *Un merveilleux malheur*, Odile Jacob, Paris, 1999.

Françoise DOLTO,

La cause des enfants, Robert Laffont, Paris, 1985.

La cause des adolescents, Robert Laffont, Paris, 1988.

Georges DUBY, *Le chevalier, la femme et le prêtre*, Hachette, Paris, 1981.

Jean-Louis FLANDRIN, cité par Fourgnaud A., *la confusion des rôles*, Lattès, Paris, 1999.

Anna FREUD, *Le moi et les mécanismes de défense*, PUF, Paris, 1975.

Sigmund FREUD, *Introduction à la psychanalyse*, Payot, Paris, 1975.

Sigmund FREUD, *La vie sexuelle*, PUF, Paris, 1985.

André GREEN, *Le temps éclaté*, Éditions de Minuit, Paris, 2000.

GRIMM, *Contes*, Flammarion, Paris, 1967.

Philippe JULIEN, *Le Manteau de Noé*, essai sur la paternité, Desclée de Brouwer, Paris, 1991.

Kathleen KELLEY-LAINÉ, *Peter Pan ou l'enfant triste*, Calmann-Lévy, Paris, 1992.

Mansour LABAKY, *Mon vagabond de la lune*, Fayard, Paris, 1988.

Jean LAPLANCHE, *Nouveaux fondements pour la psychanalyse*, PUF, Paris, 1987.

Jean-Georges LEMAIRE,
Le couple, sa vie, sa mort, Payot, Paris, 1986.
Famille, amour, folie, Le Centurion, Paris, 1989.
Les mots du couple, Payot, Paris, 1998.

Anne-Marie PELLETIER, *Le christianisme et les femmes*, Le Cerf, Paris, 2001.

Paul-Claude RACAMIER, *Le génie des origines*, Payot, Paris, 1992.

Nathalie SARRAUTE, *Enfance*, Gallimard, Paris, 1983.

Hannah SEGAL, *Introduction à l'œuvre de Mélanie Klein*, P. U. F., 1976.

Edward SHORTER, *Naissance de la famille moderne*, Le Seuil, Paris, 1977.

Donnald Woods WINNICOTT,
De la pédiatrie à la psychanalyse, Payot, Paris, 1969.
Jeu et Réalité, Gallimard, Paris, 1975.

Revue *Dialogue*, Recherches cliniques et sociologiques sur le couple et la famille, Érès, Paris, notamment les n° 70, 81, 87, 111, 144, 149, 151, 152.

Revue *Groupal*, du collège de psychanalyse groupale et familiale, Paris, n° 1, 2, 4, 5.

Revue d'Etudes Psychothérapiques, *Désir d'enfant,* nouvelle série n° 1, Le Centurion, 1990, 15-29.

Table des matières

CHAPITRE III
La venue de l'enfant

CHAPITRE IV
Crises et conflits

CHAPITRE V
Les retentissements des conflits de couple sur les enfants

DANS LA MÊME COLLECTION

Monique Brachet-Lehur
Les écrans dévorent-ils vos enfants ?

Jacques Arènes
Y a-t-il encore un père à la maison ?

Nicole Fabre
Ces enfants qui nous provoquent

Geneviève de Taisne
Vous devriez l'emmener chez le psy

Nicole Fabre
Sont-ils heureux loin de nous ?

Jacques Arènes
Dis, un jour, moi aussi je mourrirai ?

Madeleine Natanson
Dans ma famille, je demande les grands-parents !

Marie-Claire Duco
Papa, maman, l'école et moi

Jean-Marie Forget
Ces ados qui nous prennent la tête

Claude Nachin
À l'aide, y a un secret dans le placard !

Pascal Hachet
Ces ados qui fument des joints

Lyliane Nemet-Pier
Moi, la nuit, je fais jamais dodo...

Colette Jacob
Peut-on encore élever ses enfants?

Jacquelyne Brun
Angoisse, es-tu là ?

Pascal Hachet
Ces ados qui jouent les kamikazes

Natacha Aymon Gerbier
Dis, maman, je veux un chien !

Hélène Montardre
Mais que lisent-ils !

Gérard Neyrand
La culture de vos ados

Ouvrage composé par Tournai Graphic
et achevé d'imprimer en mars 2002
par l'Imprimerie France Quercy
N° d'impression : 20679
N° d'édition :
Dépôt légal : avril 2002